AI와 브랜드 스토리텔링

AI문고

인공지능 시대입니다. 기계가 인간의 인지를 대신하고, 사물이 인간을 통하지 않고 다른 사물과 직접 커뮤니케이션합니다. 이에 따른 인간 삶과 문명 변화를 정확히 이해·예측·대응하는 것은 이 시대 우리 모두의 과제입니다. AI문고는 인공지능 기술과 환경의 여러 주제를 10가지 키워드로 정리합니다. 관련 개념과 이론, 학계와 산업계의 쟁점, 우리 일상의 변화를 다룹니다. 인간과 기술의 현재, 미래를 세심히 분석합니다.

일러두기

- 인명, 작품명, 저서명, 개념어 등은 한글과 함께 괄호 안에 해당 국가의 원어를 병기했습니다.
- 외래어 표기는 현행 어문규정의 외래어표기법을 따랐습니다.

처음이세요?

전문가세요?

AI와 브랜드 스토리텔링

양정선

대한민국, 서울, 커뮤니케이션북스, 2025

AI와 브랜드 스토리텔링

지은이 양정선
펴낸이 박영률

초판 1쇄 펴낸날 2025년 4월 30일

커뮤니케이션북스(주)
출판 등록 2007년 8월 17일 제313-2007-000166호
02880 서울시 성북구 성북로 5-11
전화(02) 7474 001, 팩스(02) 736 5047
commbooks@commbooks.com
www.commbooks.com

ISBN 979-11-7307-918-4 03500

책값은 뒤표지에 표시되어 있습니다.

차례

디지털 시대의 스토리텔러 AI

마케팅 업무 중에서 시장 환경 분석은 비즈니스 플래닝이나 연간 사업 계획을 구성하는 필수 항목이다. 제품이나 서비스를 판매하려는 기업에서 시장과 고객, 그리고 경쟁사에 대한 분석은 당연한 것이다.

시장 환경 분석을 더 효율적으로 진행하기 위해 여러 분석 툴(tool)이 활용되고 있으며, 페스트 분석(PEST, Political, Economic, Social and Technological analysis)이 대표적이다. 정치(Politics), 경제(Economy), 사회(Society), 기술(Technology)이라는 네 가지 요소를 통해 거시 시장 환경을 분석하고 그 결과를 토대로 사업 확장 및 철수, 투자, 브랜드 포지셔닝 같은 주요한 의사 결정을 하게 된다. 최근에는 여기에 환경(Environmental)과 법적(Legal) 요소를 추가한 페스텔(PESTEL) 분석을 활용하기도 한다.

시장 환경 분석이 정확도를 높이기 위해서는 많은 자료를 찾아보고, 거시적 시장 환경 요소들이 고객이나 산업에 어떤 변화를 가져오는지 주시해야 한다. 20년 동안 매년 시장 환경을 분석한 경험을 토대로 생각해 보면, 이 네 가지 요소 중에 전문적인 용어로 된 기술 트렌드는 일반인이 이해하기 어렵고, 상용화되어 우리 일상생활에 영향을 미치기까지도 오랜 시간이 걸려서 다른 요소 대비 관심을 덜 가지곤 했었다. 그러나 디지털 기술은 달랐다. 디지털 기술의 발전은 빠른 속도로 우리의 일상생활에 침투해서 삶을 바꿔 놓기 시작하였다.

먼저 유통 채널이 오프라인에서 이커머스(e-commerce)로 이동한 것을 큰 특징으로 꼽을 수 있다. 고객들이 물건을 구매하던 채널이 새로운 채널로 옮겨 간다는 것은 마케팅뿐만 아니라 비즈니스 전반에 큰 변화였다. 지난 10년간 여러 변화와 충돌을 겪으며 온라인 기반 이커머스가 급부상해 선두 채널이 되었고, 기존의 오프라인 채널들은 그 비중이 축소되는 방향으로 유통 채널이 재편되었다.

디지털의 발달은 소비자와 브랜드의 관계에도 변화를 가져왔다. 그동안 브랜드들은 그들의 제품과 서비스에 대한 정보를 외부에는 차단해 왔다. 브랜드에 불리한 정보나 사실은 숨겼고 브랜드가 생산한 제품과 서비스의 효능이나 가치는 광고를 통해 과장 혹은 확대하는 경우가 많았으나, 소비자가 이를 검증할 수 있는 방법은 없었다. 그러나 소비자들도 데이터 접근이나 활용이 가능해짐에 따라 데이터 접근과 활용에서 소비자와 브랜드가 대등한 관계가 되었고 더 이상의 과장이나 왜곡이 불가능해졌다. 이제 과거의 방법으로 소비자를 설득하기가 어려워졌다.

이러한 '마케팅 위기'를 극복하기 위한 여러 가지 노력과 시도들이 있었고, 전문가들은 해결책으로 새로운 마케팅 방법들을 제안하였다. 새로운 마케팅 방법은 인간의 보편적 속성을 활용한 것들이었다. 소속감, 존중, 사랑, 의미 등과 같은 감정과 소통할 방법을 찾았다. 구체적으로 콘텍스트 마케팅(Context Marketing), 브랜드 커뮤니티(Brand Community), 진정성 마케팅(Authenticicity Marketing), 브랜드 스토리텔링(Brand Storytelling) 등이다. 각 방법론을 간단히 소개하면 다음과 같다.

먼저 우리에게 생소한 '콘텍스트 마케팅'이다. 과거에는 고객들의 구매 여정을 생산 이후부터 판매 과정까지로만 국한하여 마케팅하였다. 새로운 모델은 고객들이 구매를 고민하는 순간부터 구매 후 친구에게 추천하거나 재구매하는 단계까지 관칠한다. 이 과정에서 소비자가 불편해하거나 충족하지 못하는 것을 파악하고 해결한다.

다음으로 '브랜드 커뮤니티'는 기존의 브랜드 동호회

와는 달리, 소위 '팬덤' 문화와 유사하게 고객 스스로가 브랜드 홍보 대사가 되어 신규 유입과 충성도를 높이는 데 공헌하는 방법이다. 경우에 따라서는 브랜드가 아닌 고객들이 직접 커뮤니티를 구성하고 운영하기도 한다. 커뮤니티가 활성화되면 소비자 입장에서는 소속감과 연대를 느끼게 되고, 브랜드 입장에서는 안전하게 원하는 데이터를 수집할 수 있다.

세 번째 '진정성 마케팅'은 브랜드 메시지가 말로만 떠드는 게 아니라, 핵심에 집중하고 진정한 가치를 제공하는 마케팅을 말한다. 진정성 있는 브랜드란 주로 탄생 스토리가 있고 철학과 의식이 있는 브랜드, 겸손하고 정직한 브랜드를 의미한다.

마지막으로 '브랜드 스토리텔링'은 고객들에게 브랜드를 매력적으로 보이게 할 목적으로 문학적 스토리텔링 기술과 내러티브 담론을 활용하는 마케팅 방식이다. 창업자는 이 스토리텔링의 리소스를 조직의 정체성을 확립하는 데 활용하기도 한다.

이 네 가지 중 스토리텔링 기법은 메시지의 높은 주목도와 경쟁사와의 차별화가 가능하다는 장점이 있어서 여러 브랜드에서 선호하는 방법론으로 자리매김하였다. 이러한 배경으로 부상하게 된 브랜드 스토리텔링의 소스는 창업자 관련 스토리, 회사의 비전이나 미션, 원산지, 직원과 관련된 특별한 이야기 등이다.

창업자나 원산지 같은 구체적인 스토리가 있으면 활용하기 가능한 전략이지만, 스타트업이나 규모가 작은 회사들은 활용할 만한 재료가 없어 스토리텔링 전략 실행이 어려울 수 있다. 풍부한 스토리텔링 재료가 있고 이미 브랜드 스토리텔링이 잘 만들어졌다고 하더라도 고객의 니즈(needs)에 맞게 차별화된 콘텐츠를 제공하는 데 많은 시간과 노력이 요구되기도 한다. 또한 브랜드 스토리텔링 전략의 소재로 쓰이는 다양한 브랜드 아이덴티티(identity) 요소들(로고, 슬로건, 컬러 등)이 제대로 활용되고 있는지도 모니터해야 한다.

이러한 제약 사항을 해결해 주고 브랜드의 아이덴티티와 관련된 스토리를 개발하고 활용하는 데 AI가 적합한 역할을 수행할 수 있다. 이를 깨닫게 된 기업들은 적극적으로 AI를 활용하기 시작하였다.

기업들은 생성형 AI를 통해 '초개인화'와 '맞춤 콘텐츠 제공'을 실현할 수 있게 되었다. AI는 빅데이터(Big Data) 분석과 예측, 광고비 집행 최적화 등 마케팅 업무 수행에 많은 도움을 줄 뿐 아니라, 빅데이터로 고객들을 세분화해 과거 대비 더 구체적이고 정밀한 타기팅을 가능하게 한다. 또한 같은 브랜드 내에서도 서로 다른 취향을 가지고 있는 고객들에게 최적화된 콘텐츠를 제공한다. 개인화, 맞춤 콘텐츠 제공이라는 두 가지 무기로 AI는 스토리텔링 전략의 터보 엔진 역할을 하게 되었다.

이러한 경쟁력과 장점이 알려지면서 다양한 브랜드가 AI를 활용한 마케팅 전략을 활발히 펼치고 있다. 우선 코카콜라(Coca-Cola)와 나이키(Nike) 같은 글로벌 브랜드는 막강한 자본력으로 2010년 초반부터 AI 기술 혁신에 자본과 시간을 지속적으로 투자해 왔고, 동시에 긍정적 성과를 자주 보여 주고 있다.

특히 세계적인 음료 회사인 코카콜라는 브랜드 스토리텔링을 비롯한 강력한 브랜드 자산을 보유하고 지속적으로 성장해 온 대표적인 브랜드 회사다. 글로벌 비즈니스를 하고 있는 코카콜라는 브랜드 이미지와 메시지를 전 세계에 일관되게 보임으로써 브랜드 아이덴티티를 지키면서 현지화 전략에 주력할 수 있었다. 코카콜라는 2014년부터 AI를 적극 도입해 글로벌 브랜드 스토리텔링을 개인화, 현지화, 디지털화하며 성공적인 결과를 얻었다. 이러한 접근은 맞춤형 스토리텔링과 기술 활용의 모범 사례로 평가받으며 다른 브랜드에도 영감을 주고 있다.

국내에서는 뷰티, 유통, 비즈니스 솔루션 산업군에서 AI를 활용한 서비스를 시작해서 가시적인 성과를 보이고 있다. 뷰티나 유통 브랜드들은 '다수의 브랜드와 제품 중 올바른 선택'이라는 소비자들의 니즈를 충족시키는 '맞춤 서비스'로 특화되어 있다.

특히 아모레퍼시픽은 뷰티업계 중 AI 활용에 가장 적극적인 모습을 보인다. 이들은 미래 성장 동력의 하나로, AI 기술 혁신을 비즈니스 전 프로세스에 반영하여 고객 만족과 생산성 향상을 이뤄 내겠다는 목표를 가지고 있다.

그러나 브랜드 스토리텔링 전략을 위한 생성형 AI 활용에도 한계가 존재한다. 이 세상에 완벽한 전략이 없듯이 한계를 정의하고 미리 대비하는 것이 올바른 방법이다.

스토리텔링의 장점은 고객과 감정적 교류를 통해 브랜드가 제안하는 가치를 고객이 받아들이게 하는 것이다. AI는 사람이 아니라 소프트웨어라는 구조적 문제로 섬세한 인간의 감정을 이해하고 예측하는 데 오류가 많고, 커뮤니케이션에서 중요하게 여기는 '맥락'에 대한 이해가 부족하다. 맥락은 사회적 · 역사적 · 문화적 배경에 대한 이해를 수반하기 때문이다.

하지만 이 한계는 오히려 인간과 AI의 협업 방식에 가

이드를 제시해 준다. 지금보다 더 효과적이고 생산적인 AI의 활약을 위해서는, 기술의 발달을 기대하기보다는 마케터들의 역량 강화가 중요하다는 생각이다.

기존 마케터의 일부 업무가 AI로 대체된다면 기업에서는 새로운 환경에 최적화된 또 다른 역량과 책임을 마케터에게 요구할 것이다. 마케터는 필수 역량이었던 창의력, 분석력, 공감 능력 등은 유지한 채, 생성형 AI의 한계로 거론된 과거 · 현재 · 미래와 같은 시계열적 사고, 거시적 접근과 미시적 접근을 동시에 고려하는 전략적 사고를 대신 채워 주어야 한다. 좀 더 긍정적인 AI와 브랜드 스토리텔링의 미래를 위해 마케터에게 주어진 과제는 AI와 성공적인 협업을 위한 역량과 자질을 갖추고, 전략을 실행하기 전에 풍부하고 퀄리티(quality) 높은 고객 관련 데이터, 참여 경험, 콘텐츠를 확보할 수 있는 플랫폼을 만드는 것이다.

책의 구성을 살펴보면, 1장에서는 디지털 기술의 발달로 마케팅은 어떠한 영향을 받고 있는지 알아본다. 특히 AI가 마케팅 업무의 속도나 효율성을 높이는 데 공헌하고 있는 프로세스나 분야를 살펴보고, AI 중에서 챗GPT(Chat GPT)와의 협업을 통해 얻게 되는 편익과 성과물을 점검한다.

2장에서는 디지털 기술의 발달이 어떻게 마케팅 위기를 초래했는지 알아보고, 이 위기를 벗어나기 위한 마케팅 전문가들이 제안하는 새로운 마케팅 방법론을 소개한다. 그중에서 브랜드 스토리텔링 전략의 부상 배경과 경쟁력을 살펴본다. 더불어 성공적인 스토리텔링 전략 실행을 위해 AI가 어떤 역할을 할 수 있는지 설명한다.

3장에서는 현재 가장 많이 활용되고 있는 스토리텔링 방법론 두 가지를 소개한다. 두 가지 방법론 중 하나는 도널드 밀러(Donald Miller)의 스토리텔링 7단계로, 소비자에게 설득력을 얻는 일곱 가지 브랜드 스토리 요소와 이 요소들이 단계적으로 전개되는 방법을 구체적으로 설명한다. 다른 하나는 브랜드가 선택할 수 있는 캐릭터 60가지를 제시하고 있는 브랜드 전형(Brand Archetypes) 방법이다. 이 방법은 신생 브랜드가 출시를 앞두고 마켓 리더를 공략하기 위한 브랜드 포지셔닝의 사전 작업으로 많이 활용된다.

4장에서는 다른 마케팅 전략이나 방법론 대비 장점을 가지고 있는 스토리텔링 전략이 AI와 협업할 경우 기업이 얻게 되는 시너지와 성과를 다룬다.

5장과 6장에서는 AI의 마케팅 활용에서 벤치마킹할 만한 사례들을 살펴본다. 먼저 5장에서는 글로벌 브랜드 코카콜라의 AI 활용 사례를 다룬다. AI와 별개로 이미 브랜드 관리에서 여러 가지 성공 사례를 만들었던 코카콜라는 글로벌화와 현지화의 성공을 위해 AI를 잘 활용하고 있다. 6장은 국내 사례를 대상으로 하여, 뷰티 리더인 아모레퍼시픽과 이커머스 플랫폼 1등인 무신사의 사례를 알아본다. 코카콜라와 같은 글로벌 브랜드보다 시작은 다소 늦었고 투자 비용은 적지만 AI를 활발히 사용해 기업의 신성장 동력으로 집중하고 있는 국내 회사들이 많다. 그중에서 소비자들의 고민과 니즈에 맞춘 솔루션을 제공하고 있는 두 회사의 사례를 살핀다.

7장에서는 생성형 AI와 브랜드 스토리텔링 전략이 만들어 내는 시너지를 정리한다. 8장에서는 AI를 활용할 때 우리가 인지하고 있어야 할 비즈니스 리스크와 윤리적 이슈를 점검해, 성과에 매몰되어 개인 정보 보호나 저작권에 대한 고려 없이 데이터를 활용하게 될 경우 발생하는 리스크와 이를 사전에 차단할 수 있는 방법들을 제시한다.

9장에서는 디지털 시대의 스토리텔러인 AI의 한계를 정리한다. 맥락에 대한 이해, 시계열적 접근, 그리고 감정적 교류 등에서 AI가 가지고 있는 한계에 대해 알아보고, 이를 해결하기 위해 마케터가 어떻게 해야 하는지 제안한다.

10장에서는 AI를 활용한 브랜드 스토리텔링의 성과가 더욱 개선되고, AI가 디지털 스토리텔러로 등극하는 긍정적인 미래를 위해 우리가 준비해야 하는 두 가지에 대해 다룬다. 하나는 마케터 개인의 '데이터 분석 능력'이고, 다른 하나는 브랜드 커뮤니티같이 양질의 데이터를 수집하고 비즈니스 리스크에 안심할 수 있는 플랫폼 구축이다.

참고문헌

김상훈 · 박선미(2019). 『진정성 마케팅』. 21세기북스.

박기완(2020). 『트렌드를 넘는 마케팅이 온다』. 21세기북스.

Avery, J.(2020). Brand storytelling, Harvard Business School Technical Note 519-049, https://www.hbs.edu/faculty/Pages/item.aspx?num=55350

Schaefer, M. W.(2019). *Marketing Rebellion: The Most Human Company Wins.* Schaefer Marketing Solutions. 김인수 옮김(2021). 『인간적인 브랜드가 살아남는다』. RHK.

Schaefer, M. W.(2023), *Belonging to the Brand: Why Community is the Last Great Marketing Strategy.* Schaefer Marketing Solutions. 구세희 옮김(2024). 『커뮤니티 마케팅』. 디자인하우스.

01
AI와 브랜드 마케팅

디지털 기술의 발달은 우리 일상을 편리하게, 더 빠르게 만드는 긍정적 변화를 가져왔지만, 마케팅은 디지털의 발달로 위기에 빠졌다. 소비자들의 새로운 니즈를 브랜드들이 운영해 온 과거의 마케팅 방식으로는 대응하기 어려웠기 때문이다. 이러한 위기를 타개하기 위해 등장한 디지털 마케팅은 효과를 높이기 위해 새로운 방법들을 시도해 왔다. 특히 AI의 등장은 마케팅의 위기 타개는 물론, 좀 더 스마트한 방식으로 브랜드를 성장시킬 수 있는 새로운 동력이 되고 있다.

AI와 1인 창업?

디지털과 브랜드 마케팅

신상품을 출시하고 브랜드를 성장시키는 마케팅 활동은 오랫동안 기술의 발달에 많은 영향을 받아 왔다. 새로운 기술을 수용하고 사용함에 따라 변화되는 소비자들의 라이프 스타일에 대응하는 것이 마케팅의 주요 업무이니 이러한 관계 형성은 당연하다.

모든 신기술이 동일한 파급력을 가진 것은 아니다. 새로운 기술을 반영한 제품이 등장하여 얼리 어답터(early adopter) 시장까지만 확산되고 사라지는 것을 우리는 종종 목격해 왔다. 그래서 대체로 마케터들은 신기술 동향을 회의적으로 바라볼 때가 많았다.

그러나 인터넷을 근간으로 하는 디지털의 발달과 그에 파생되는 결과물은 상상 이상의 파급력으로 우리 삶을 크게 바꿔 놓았다. 소비자들의 일상은 편해졌고, 예전보다 빨라졌다. 고객들은 새로운 매체를 빠르게 수용하였고, 유튜브(YouTube)와 같은 SNS(Social Network Service)를 통해 소비자들도 오디언스(audience)에 그치지 않고 콘텐츠 생산자가 되었다.

소비자들을 둘러싼 여러 환경의 변화로 전통적인 마케팅 방식은 효과가 예전만 못하고, 전문가들은 '마케팅 위기'를 언급하게 되었다. 이러한 상황 속에서 다급한 기업들은 자신들의 고객을 잃지 않기 위해 새로운 마케팅 방법들을 모색할 수밖에 없었다.

디지털 마케팅은 이러한 위기 속에서 대두되었고 '그로스 마케팅(Growth Marketing)'이라는 새로운 개념으로 브랜드 마케팅 영역에 빠르게 침투하였다. 그로스 마케팅은 2010년 션 엘리스(Sean Ellis)가 창안한 말로, '그로스 해킹(Growth Hacking)'과 '마케팅(Marketing)'의 합성어다.

그로스 마케팅

그로스 마케팅은 데이터를 기반으로 소비자와 관련된 문제를 파악하고 해결하여 고객의 니즈(needs)를 충족시키는 방법(Ellis & Brown, 2017/2017)을 말한다. 기존 마케팅 방법과 '그로스 마케팅'의 공통점은 고객의 니즈를 파악하고 충족시키는 방법을 모색한다는 점이다. 차이점은 전통적 마케팅 방식은 장기적이고 브랜드 인지도, 이미지를 만드는 과정을 중시하는 반면에, 그로스 마케팅은 특정 지표의 성장을 위해 데이터 중심으로 분석하고 실행한다는 점이다(Patel, 2020/2021).

그로스 마케팅은 브랜드 인지부터 고객 확보 및 유지 단계까지 중점을 둔다. 그래서 마케팅 퍼널(funnel)을 자주 사용하고 단계별 핵심 성과 지표(KPI, Key Performance Indicator)를 주력으로 활용한다. 또한 데이터와 기민함을 활용해 수익을 극대화하고 고객 가치를 높인다.

많은 광고 캠페인이 디지털로 전환되면서 광고 효과를 관찰하고 평가하는 것이 가능해졌다. 그 결과 고객 여정과 퍼널에 대한 설계와 평가, 그리고 개선을 반복하여 매출 증가와 효율을 만들어 낼 수 있었다.

한국에서도 2000년 초반부터 그로스 마케팅과 다양한 디지털 매체의 결합으로 퍼포먼스 마케팅, 검색 엔진 최적화(SEO, Search Engine Optimization), 마케팅 퍼널 등이 브랜드 마케팅 영역에서 대표적인 방법론이 되었다.

AI의 등장

한동안 모든 마케팅 분야에서 주류 방법으로 통했던 그로스 마케팅과 퍼포먼스 마케팅에 대한 회의론이 고개를 들면서 기업들은 다시 대안을 찾기 시작했다. 이때 AI의 하나인 챗GPT(Chat GPT)가 구원의 손을 내밀게 된다. '그로스 마케팅'은 AI를 통해 스마트니스(smartness)를 얻게 된다.

AI는 인간의 지능을 모방한 기술을 묘사할 때 사용하

는 포괄적 용어다. 컴퓨터가 주어진 명령 없이 스스로 작동하게 하는, 다시 말해 컴퓨터를 스마트하게 만들기 위한 연구 분야를 뜻한다(Patel, 2020/2021).

현재 AI가 활용되는 마케팅 분야 중에 가장 많은 성과를 보이는 영역은 데이터와 관련되어 있다. 데이터 분석으로 마케팅에서 일어나는 중요한 의사 결정에 대한 정확하고 합리적인 근거를 마련할 수 있다.

좀 더 구체적으로 알아보면, AI 데이터 분석을 통한 소비자 행동 예측이 있다. 예를 들면, 시장 트렌드, 소비자 선호도, 과거 판매 자료를 분석하여 전략을 수립하는 것을 말한다.

다음은 광고 캠페인 최적화로, AI를 광고 캠페인의 성과를 최적화하고 실시간으로 모니터하는 데 활용하는 것이다. 구글과 페이스북의 광고 플랫폼은 AI 알고리즘을 사용하여 타깃 오디언스에게 가장 적합한 광고를 자동으로 배분하고, 캠페인의 KPI를 지속적으로 모니터링한다.

또한 마케팅에 활용되는 AI의 탁월한 능력으로 '개인 맞춤화'가 있다. 이 능력은 다변화되고 변화 주기가 빨라진 소비자들의 욕구를 충족하지 못했던 매스 마케팅(Mass Marketing)의 혁신적 해결 방법이 되고 있다. 개인 맞춤형 서비스가 잘 진행되면 고객 만족에 긍정적 기여를 하게 된다(Patel, 2020/2021).

개인화된 추천 시스템 AI는 소비자 데이터를 분석하여 개인 맞춤형 추천을 제공한다. 예를 들어, 넷플릭스는 사용자의 행동을 분석해 콘텐츠를 추천한다. 개인화된 접근은 고객의 관심도를 높이고, 구매 전환율을 증가시키는 효과를 가져온다.

데이터와 개인 맞춤화가 혼합된 콘텐츠 생성도 최근 AI를 통해 얻게 된 능력이다. 이로 인해 마케터들은 브랜드와 관련된 광고 캠페인부터 콘셉트 보드까지, 모든 크리에이티브 영역에서 업무 속도를 높이고 업무량을 크게 줄일 수 있다.

이 분야에서 특히 눈에 띄는 도구 중 하나는 챗GPT다. 고급 언어 모델인 챗GPT는 인간의 글과 매우 유사한 텍스트를 생산할 수 있는 능력을 갖추고 있어, 마케터들이 콘텐츠 전략에 독특한 브랜드 목소리와 스토리를 통합하고자 할 때 매우 유용하게 쓰인다. 이제 브랜드를 만들고 성장시키는 업무를 하는 마케터들이 AI를 얼마나 효과적으로 활용하느냐에 따라 그 성과의 격차가 나타날 것으로 예상된다.

참고문헌

Ellis, S. & Brown, M.(2017). *Hacking Growth : How Today's Fastest-Growing Companies Drive Breakout Success.* Virgin Books. 이영구 · 이영래 옮김(2017). 『진화된 마케팅 그로스 해킹』. 골든어페어.

Patel, L.(2020). *LEAN AI.* O'Reilly Media. 박기석 · 최은정 옮김(2021). 『린 AI』. 한빛미디어.

02
브랜드 스토리텔링의 활용 배경

마케팅 위기를 타개할 대안으로 브랜드 커뮤니티, 브랜드 스토리텔링, 콘텍스트 마케팅 등이 제시되었다. 이 중에서 브랜드 스토리텔링은 온갖 소음에 둘러싸여 있는 고객들의 주목도를 높일 수 있는 효과적인 방법이고, 잘 만들어진 스토리로 경쟁사와의 차별화를 가능하게 한다. 또한 어떤 방법보다도 소비자와 브랜드의 감정적 교류에 효과적이다. 이러한 이유로 많은 브랜드가 그들의 브랜드 육성을 위해 스토리텔링 전략을 활용하고 있다.

AI와 MBTI?

디지털 발달이 가져온 마케팅의 위기

디지털 기술의 발달로 우리의 삶은 편리해졌지만, 마케터들은 '소비자들의 반란'이라는 난제를 품어야 하는 어려운 상황에 빠지게 됐다.

마크 W. 셰퍼(Mark W. Schaefer)는 그의 책 『인간적인 브랜드가 살아남는다』에서 디지털 기술의 발달은 마케팅에 대한 소비자 반란의 원인이 되었다고 이야기한다. 소비자 반란의 배경은 크게 세 가지로 나눠 볼 수 있다. 첫 번째는 그동안 브랜드들이 소비자에게 본인들의 제품과 서비스에 대해 거짓 정보를 제공하였다는 점, 두 번째는 불리한 정보를 차단하고 유리한 정보만 공유하였다는 점, 세 번째는 정보를 통제하는 방법으로 그들의 비즈니스를 영위하였다는 점이다. 디지털 기술과 인터넷의 발달로 브랜드의 이러한 행태를 소비자들이 깨닫게 되면서, 마케팅은 신뢰를 잃고 위기에 빠지게 되었다(Schaefer, 2019/2021).

데이터에 대한 접근 권한과 데이터 분석 및 활용은 그동안 기업들만이 가지고 있는 특권이었다. 기업들이 만들어 내는 제품과 서비스는 과장과 왜곡으로 광고되는 경우가 많았고, 소비자는 이를 검증하기가 쉽지 않았다. 그러나 디지털을 비롯한 과학 기술의 발달로 소비자들도 데이터에 접근하는 것이 용이해지고, 특정 분야에 관심이 있는 경우 쉽게 전문가가 될 수도 있다.

이러한 현상은 브랜드와 고객 간 '수평의 시대'라는 정치적 개념으로 표현되기도 하고, 기술의 혁신을 통해 정보와 소비의 민주화를 가져왔다고 표현되기도 한다(박기완, 2020).

> 기술 특히 그중에서도 인터넷과 소셜 미디어, 모바일 같은 뉴 웨이브 기술은 연결성과 투명성을 강화한다. 사람들끼리 서로 연결하는 손쉬운 방법이 생기고 이로 인해 정보의 소통이 원활해짐으로써 지식과 정보의 민주화 현상이 대두되었다(박기완, 2020).

정보의 민주화에 대한 사례는 K-뷰티(K-beauty)에서도 찾아볼 수 있다. 과거에는 화장품 제조사들이 제품을 구성하는 원료 성분 표시를 일부만 해도 되었다. 그러나 전 성분 표시가 법으로 제정된 후 제품 정보는 브랜드 사이트뿐만 아니라 제품 패키지에도 모두 표시해야 했다. 또 성분표에 있는 주요 성분들이 효능, 효과와 부작용 등 자세한 정보는 누구든 확인해 볼 수 있도록 인터넷상에서 상세하게 오픈되어 있다.

이에 따라 소비자들은 간편하게 특정 화장품의 성분 및 효능, 효과, 화학 성분 함유 등과 같은 고급 정보를 얻을 수 있게 되었다. 이러한 변화는 화장품 브랜드가 제품에 대한 과대광고나 원료와 상관없는 효능, 효과를 표현할 수 없게 만들었다.

정보의 민주화로 브랜드들은 소비자의 신뢰를 크게 잃었고, 기존 마케팅 방법들이 소비자를 설득하는 데 효력이 없다는 것을 느끼게 된다. 소비자는 더 이상 브랜드들이 만들어 낸 광고나 홍보물을 믿지 않는다. 오히려 그들은 다른 소비자들을 더 믿게 되었다.

이러한 마케팅 위기를 극복하기 위해 박기완(2020)에서는 다음과 같은 마케팅 방법을 제안하였다.

- 브랜드 스토리텔링
- 진정성 마케팅
- 콘텍스트 마케팅
- 브랜드 커뮤니티

미국의 마케팅 전문가인 마크 W. 셰퍼는 '소속감, 사랑, 존중, 의미' 같은 인간의 본성에 호소하는 마케팅 방법을 제안하였고, 이것이 신뢰가 떨어진 마케팅의 설득력을 높이는 유일한 방법이라고 주장했다(Schaefer, 2019/2021).

두 전문가의 제안 중에 '브랜드 스토리텔링' 전략이 대안이 될 만한 장점을 가장 많이 가지고 있다. 실제 현실에 적용할 수 있는 방법론이기에 오래전부터 많은 회사가 선택하였고, 현재 가장 활발히 활용되고 있는 브랜딩 전략도 바로 브랜드 스토리텔링이다. 브랜드 스토리텔링이 어떻게 마케팅 위기를 극복할 수 있는 대안이 되는지 더 알아보자.

디지털 시대의 스토리텔링 파워

스토리텔링 전략을 이해하기 위해 우선 스토리의 개념을 확인해 볼 필요가 있다. 다음은 『스토리노믹스』라는 책을 쓴 '스토리의 대가' 로버트 맥키(Robert Mckee)가 정리한 스토리의 정의다.

> 인간의 정신에 가장 부합하고 한 사람의 생각을 다른 사람 생각과 가장 잘 이어 주며 이성적 메시지의 명료함을 감정의 포장 안에 잘 감싸서 강력한 힘을 실어 소통하는 전달 방식(Mckee & Gerace, 2018/2020)

로버트 맥키는 할리우드 작가들의 대부로서, 어떤 스토리가 성공할 가능성이 큰지 그 구성 요소들에 대한 것들을 주제로 워크숍이나 강연을 활발히 하고 있다. 로버트 맥키가 정의한 '스토리'라는 형식을 빌리면, 브랜드 스토리텔링 전략은 주로 브랜드 아이덴티티(identity)와 관련된 콘텐츠를 전달하는 방법이라고 할 수 있다.

브랜드 스토리텔링이 다른 마케팅 전략 대비 가지고 있는 장점은 세 가지다. 이 세 가지 특성은 디지털 시대에 경쟁력이 더 확대되게 만든다(Avery, 2020).

첫 번째는 소비자의 주목도를 높일 수 있다는 점이다. 다양한 미디어와 콘텐츠에 둘러싸여 있는 현대인의 집중력이 얼마나 될까? 1분을 특정 메시지에 집중하기 어렵다고 한다. 이러한 상황에서 집중도를 높이는 방법은 모든 마케터들에게 매력적으로 다가올 것이다. 스토리텔링이 이러한 장점을 가질 수 있는 것은 인간 두뇌에 자극이 있을 때 발생하는 호르몬과 상관관계가 있다.

예를 들어 우리가 드라마를 본다고 가정해 보자. 드라마 도입부에서 전개되는 주인공의 고난, 역경 등을 지켜볼 때 우리 뇌에서는 호르몬이 분비된다. '코르티솔(Cortisol)'이라 불리며 우리가 스트레스를 받을 때 생성되는 호르몬이다. 이후 드라마가 전개되면서 누군가의 도움이나 동료와의 합심으로 고난을 이겨 내고 해결하는 과정을 볼 때는 '옥시토신(Oxytocin)'이라는 긍정적인 호르몬이 생성된다. 이것은 귀여운 강아지를 만나 예뻐해 줄 때 생성되는 호르몬이기도 하다. 마지막으로 주인공이 온갖 어려움을 뚫고 인내해서 목적을 달성하는 결말을 지켜보는 우리에게는 '도파민(Dopamine)'이 생성된다. 이처럼 스토리텔링 형식으로 전달되는 메시지는 뇌를 자극하고 호르몬을 생성하는 등 그 어떤 방법보다 주목도를 높여 준다.

두 번째로, 브랜드가 잘 만들어진 스토리텔링을 가지고 있다는 것은 복제할 수 없는 강력한 자산을 확보하고 있다는 것을 의미한다. 요즘같이 어떤 혁신 기술도 쉽게 복제되는 상황에서 품질과 서비스의 차이로 차별화하기는 어렵다. 스토리텔링은 구체적인 내용과 그 브랜드만이 가진 역사적 기록 등을 주요 요소로 하기 때문에 경쟁자들의 카피가 불가능하다. 그래서 잘 만들어진 브랜드 스토리텔링을 효과적으로 활용한다면 브랜드를 성장시키는 데 중요한 역할을 할 수 있다.

세 번째로, 스토리는 고객과 감정선 연결이 용이하므로 고객을 설득하는 데 효과적이라는 점이다. 이야기 형식의 메시지는 인간이라면 공감할 수 있는 많은 요소를 포함한다. 희로애락, 사랑, 존중 같은 감정을 불러일으키는 메시지이므로 공감력이 올라가고, 이렇게 공감하게 되는 메시지는 높은 파급력을 생성해서 고객의 지인이나 친구들에게 긍정적으로 전파된다.

이처럼 많은 장점이 있는 스토리텔링 전략은 지역이나 산업의 특성과 상관없이 많은 글로벌과 로컬 기업들이 활용하고 있는 소비자와의 커뮤니케이션 전략이다.

참고문헌

박기완(2020). 『트렌드를 넘는 마케팅이 온다』. 21세기북스.

Avery, J.(2020). Brand storytelling. Harvard Business School Technical Note 519-049, https://www.hbs.edu/faculty/Pages/item.aspx?num=55350

McKee, R. & Gerace, T.(2018). *Storynomics: Story-Driven Marketing in the Post-Advertising World.* Twelve. 이승민 옮김(2020). 『스토리노믹스』. 민음인.

Schaefer, M. W.(2019). *Marketing Rebellion: The Most Human Company Wins.* Schaefer Marketing Solutions. 김인수 옮김(2021). 『인간적인 브랜드가 살아남는다』. RHK.

03
브랜드 스토리텔링의 방법론

브랜드 스토리텔링은 현재 다양한 산업군에서 활용되고 있다. 관련된 여러 이론 중 도널드 밀러의 일곱 가지 스토리텔링 요소와, 브랜드들이 선택할 수 있도록 캐릭터 60개의 특징을 정리한 브랜드 전형 방법이 실무에 특히 많이 활용된다.
중소기업부터 대기업까지 본인들의 브랜드 스토리를 개발하려고 하는 니즈가 확대되고 있다.

AI와 난임 극복?

스토리텔링의 다양한 활용

아래는 스토리텔링 방법으로 성공한 전 세계 캠페인 중에서 엄선한 10가지 사례다(Avery, 2020).

1. 군중 속에서 독보적 성과

   : 애플(Apple), 다르게 생각하라.(Think different.)

2. 미래에 대한 자신감

   : 버락 오바마(Barack Obama), '희망' & '우리는 할 수 있어요.'('Hope' & 'Yes We Can.')

3. 재미있고 행복한 경험

   : 디즈니(Disney), 세상에서 가장 행복한 곳(The happiest place on earth)

4. 자유를 향한 의지

   : 할리데이비슨(Harley-Davidson), 미국인은 운명, 반항아는 선택(American by birth, Rebel by Choice)

5. 스릴 넘치는 삶

   : 레드불(Red Bull), 당신에게 날개를 달아 드립니다.(It gives you wiiings.)

6. 소유의 기쁨

   : 코카콜라(Coca-Cola), 온 세상이 완벽한 화음으로 노래하게 하고 싶어요.(I'd like to teach the world to sing in perfect harmony.)

7. 환경 보호 실천

: 파타고니아(Patagonia), 기업의 사회적 책임(CSR, Corporate Social Responsibilities)

8. 내 존재감을 확인

: 미군, 당신이 될 수 있는 최고의 멋진 사람이 되세요.(Be all you can be.)

9. 안전한 느낌

: 볼보(Volvo), 당신의 안전을 생각하는 자동차(The car that thinks about your safety)

10. 성공

: 나이키(Nike), 그냥 해 봐요!(Just do it.)

해당 캠페인들을 자세히 살펴보면, 스토리텔링 전략은 다른 방법 대비 좀 더 다양한 분야에서 활용되고 있음을 알 수 있다. 수익을 창출하는 기업은 물론 선거 캠페인에도 스토리텔링 전략이 활용되었고, 산업군도 음료, 엔터테인먼트, 자동차 등으로 다양하다.

소재가 되는 주제들도 다음과 같이 다양하다.

창업자 스토리

제품 스토리(원료, 원산지)

직원 관련 설화

고객 테스티모니얼(testimonial)

회사의 비전과 가치

회사 창업 스토리 등

2차 세계 대전 이후 창업한 많은 화장품 브랜드는 창업자의 이름으로 회사를 세웠고 창업자의 소신이나 비전 등을 브랜드 스토리텔링으로 활용한 경우가 많다. 에스티 로더(Estee Lauder), 코코 샤넬(Coco Chanel), 엘리자베스 아덴(Elizabeth Arden) 등이 대표적이다.

에비앙(Evian)이나 한국의 이니스프리와 같은 브랜드는 제품의 주요 원산지를 소재로 활용한다. 에비앙은 물을 최초로 상업화한 브랜드인데, 초기 그들의 광고는 에비앙의 수원지인 '레만(Leman)호'를 소재로 하였다. 아모레퍼시픽의 이니스프리는 '제주=대한민국 청정 지역'이라는 콘셉트로 제주에 관한 여러 스토리와 원료를 활용한 마케팅에 주력하여 성공을 거뒀다.

쓰리엠(3M)은 그들의 대표 제품인 포스트잇(post-it)과 신상품 개발에 실패하였던 직원의 이야기를 혼합하여 사용하였다. 설사 실패하여도 끊임없이 신상품 개발에 시간과 노력을 투자하도록 회사가 지원한다는 회사의 문화를 적절히 녹여 고객들에게 전달한다.

더바디샵(The Body Shop)은 화장품 회사 최초로 공식적으로 동물 실험을 하지 않겠다고 선언한 브랜드다. 이는 창립자인 어니타 로딕(Anita Roddick) 여사의 철학을 근간으로 한 의사 결정이었다. 그녀는 젊은 시절 히피 라이프에 동참했었다.

스토리텔링의 방법론과 특성

브랜드 스토리텔링에 관련된 이론은 다양하지만, 한국에 많이 알려진 이론은 두 가지가 있다. 하나는 도널드 밀러(Donald Miller)가 『무기가 되는 스토리』에서 주장한 일곱 가지 공식이고, 두 번째는 『영웅과 악당(The hero and the outlaws)』에서 마거릿 마크(Margaret Mark)와 캐럴 S. 피어슨(Carol S. Pearson)이 만든 '브랜드 전형(Brand Archetypes)'이라는 이론이다.

먼저 브랜드 스토리텔링 전문가인 도널드 밀러의 이론을 살펴보자. 도널드 밀러는 '성공하는 브랜드 스토리텔링 전략'은 일곱 가지 요소를 포함하고 있어야 한다고 주장한다. 이는 로버트 맥키(Robert Mckee)의 『스토리노믹스』에서 차용한 아이디어로, 스토리는 다음과 같은 일곱 가지 요소들로 전개되어야 한다는 것이다.

1. 캐릭터
2. 난관 직면
3. 가이드 만남
4. 계획 제시
5. 행동 촉구
6. 도움으로 실패를 면함
7. 성공

이 7단계는 대체적으로 우리에게 익숙한 내용이다. 우리가 그동안 많이 본 영화나 드라마들이 사용하는 프레임(frame)과 동일하기 때문이다. 중요한 것은 이 7단계를 아우르는 골든 룰이 존재한다는 것이다.

첫 번째는 스토리 구성에서 가장 중요한 단계이자 지침이지만 마케터들이 쉽게 이해하지 못하는 것으로, 바로 '캐릭터'다. 캐릭터는 주인공을 의미하는데, 주인공은 브랜드나 회사가 되어서는 안 되고, 반드시 고객이어야 한다. 스토리텔링에서 가장 중요한 원칙이지만 많은 브랜드는 본인들이 주인공 혹은 영웅이 되어야 한다고 생각한다. 브랜드는 주인공인 고객들의 도전과 꿈을 응원하고 달성할 수 있게 돕는 '조력자'여야 한다.

이러한 가이드를 잘 실천하여 성공한 캠페인이 있는데, 노스페이스(The North Face)의 '광기에 대한 질문(Question Madness)'이라는 광고가 가장 전형적인 사례다. 노스페이스는 창립 50주년을 맞이하여 캠페인 '광기에 대한 질문'을 만들었다. 이 캠페인에서는 익스트림 스포츠에 도전하는 사람들의 용기와 도전 정신을 응원하는 의미에서 성능 좋은 프로 기어를 공급하는 브랜드의 모습을 담고 있다.

두 번째 지침은 주인공을 돕는 조력자의 등장이다. 주인공은 못다 이룬 목표, 꿈을 이루기 위해 여행을 떠나고 어려움을 만나게 되지만, 현자나 전문가들이 나타나 그를 돕게 된다.

마지막은 주인공의 성공이다. 브랜드 스토리텔링은 열린 결말이 절대 불가하고 반드시 주인공이 성취한 결과(부, 권력, 성장 등)를 명확하게 보여 주어야 한다.

도널드 밀러는 스토리의 일곱 가지 요소와 단계를 중시했지만, 브랜드 전형 이론은 브랜드가 선택할 수 있는 12개의 주요 캐릭터를 제공하고, 12개 각각에서 파생되는 유사 캐릭터 다섯 개를 포함해 브랜드가 선택할 수 있는 최종 캐릭터 60개를 제공한다.

이 방법은 브랜드 아이덴티티(identity)를 확립하고 소비자 커뮤니케이션 방향을 정립하는 데 유용한 레퍼런스로 활용된다. 또한 소비자들과 어떻게 본딩(bonding)을 시도해야 하는지 가이드라인을 준다.

특히 신생 브랜드가 시장에 데뷔할 때, 시장 내의 리더 그룹을 이루고 있는 경쟁자들과 어떻게 겨뤄야 하는지 캐릭터를 통해 알려 준다. 면도기 시장에서의 달러셰이브클럽(Dollar Shave Club)과 질레트(Gillette)의 관계, 속옷 시장에서의 서드러브(ThirdLove)와 빅토리아시크릿(Victoria's Secret)의 관계가 대표적인 예다.

과거에 많은 브랜드가 자신만의 스토리를 탄생시켜 브랜드를 성장시켜 온 것처럼, 현재에도 신생 혹은 기존 브랜드들이 본인들의 브랜드 스토리텔링을 개발하거나 가지고 있는 스토리의 경쟁력을 고민한다. 또한 새롭게 시장에 진입하는 언더독(underdog) 브랜드들은 기존 마켓 리더들의 브랜드 전형을 공부하며 어떤 캐릭터가 대항마가 될 수 있을지 전략을 수립한다.

경쟁력 있는 스토리텔링 전략을 실행하기 위해 AI를 활용하는 브랜드들이 있고, 일부 브랜드는 이미 가시적 성과를 거두고 있다. 다음 장에서는 AI가 스토리텔링 전략에서 어떻게 활용될 수 있는지 살펴볼 것이다.

참고문헌

Avery, J.(2020). Brand storytelling, Harvard Business School Technical Note 519-049, https://www.hbs.edu/faculty/Pages/item.aspx?num=55350

Mark, M. & Pearson, C.(2001). *The Hero and the Outlaw: Building Extraordinary Brands Through the Power of Archetypes.* McGraw-Hill Companies.

McKee, R. & Gerace, T.(2018). *Storynomics: Story-Driven Marketing in the Post-Advertising World.* Twelve. 이승민 옮김(2020). 『스토리노믹스』. 민음인.

Miller, D.(2017), *Building a Storybrand: Clarify Your Message So Customers Will Listen.* HarperCollins Leadership. 이지연 옮김(2018). 『무기가 되는 스토리』. 윌북.

04
디지털 시대의 스토리텔링 경쟁력

디지털 시대에 적합한 마케팅 방법론인 스토리텔링 전략에 AI라는 터보 엔진이 지원되면 더욱더 경쟁력이 제고된다. 특히 개인화된 브랜드 경험과 맞춤화된 콘텐츠 생성은 AI에 특화된 영역이다. 실제 많은 글로벌 및 국내 브랜드들이 그들의 스토리텔링 전략에 AI를 활용하여 성공적인 결과를 만들어 내고 있다.

AI와 사주?

디지털 시대의 개인화

디지털 마케팅의 핵심 키워드는 디지털 기술, 상호 작용적 커뮤니케이션, 맞춤형 서비스, 고객 경험 극대화, 지속적 고객 관계 유지 등으로 정의할 수 있다(조창환 · 이희준, 2016).

핵심 키워드들은 모두 '고객 만족'이라는 공통의 목표를 가지고 있고, 이들 중 맞춤형 서비스, 상호 작용적 커뮤니케이션, 지속적 관계 유지 등은 브랜드 스토리텔링 방법으로 구현 가능하다. 이러한 키워드를 구현하기 위해서는 전통적인 시장 세분화와 달리 '개인화'라는 좀 더 진화된 접근 방법이 필요하다.

브랜드 매니지먼트 시대로 접어들면서 제품 차별화 개념이 중요하게 등장하였다. 이후 등장한 개념이 개인에게 '맞춤' 서비스를 제공하는 맞춤화 개념이다. 맞춤화 전략은 브랜드가 고객과 지속적으로 긍정적 관계를 유지하도록 하는 데 그 목적이 있다.

스토리텔링 전략에서 '개인화'를 구현하기 위해서는 AI의 도움이 필요하다. 특히 챗GPT(Chat GPT)와 같은 생성형 AI의 도움이 필요하다. AI를 최대한 활용해서 개인화된 고객의 니즈(needs)를 맞출 수 있는 브랜드라면 고객들의 지속적인 호응을 얻어 낼 것이다.

챗GPT와 같은 AI는 다양한 상품군 중에서 선택을 해야 하는 고객들에게 도우미 역할을 하게 된다. 고객의 취향이나 선호도를 유추할 수 있는 고객 관련 데이터를 분석하여 최적의 선택을 제안해 주는 것이다. 이미 여러 업계에서 활발히 사용 중인 AI의 역할이다. 강력한 브랜드 구축을 위해 브랜드 스토리텔링 방법을 활용하고자 하는 마케터들을 AI가 어떻게 돕고 터보 엔진 역할을 하는지 보다 구체적으로 살펴보자.

개인화된 콘텐츠 제공

디지털 기술의 발달로 AI를 활용해 개발한 다양한 마케팅 방법들이 소개되고 있다. 여러 방법의 공통점은 데이터를 활용하여 소비자들이 원하는 것을 정확히 파악하고 예측해 고객과 브랜드의 접점에서 소비자들이 기대하는 제품과 서비스를 전달한다는 점이다.

마케팅 영역에서 AI의 활용도가 점점 높아지는 이유는, AI를 통해 소비자들의 특성과 기호에 따른 개인 맞춤화가 가능하기 때문이다. 여기서 맞춤화는 '맞춤 화장품'이나 'VIP 서비스' 등을 뜻하기보다는, 기업이 브랜드 아이덴티티(identity)를 유지하면서 고객의 특성에 맞게 브랜드 콘텐츠를 맞춤화하고 이를 적절한 미디어를 통해 전달할 수 있다는 것을 뜻한다.

마케터는 정기적으로 고객들을 대상으로 한 리서치 조사 결과를 받아 보기도 하고, 직간접적 만남을 통해 고객들의 선호도를 파악하기도 한다. 그러나 이러한 노력으로 고객들을 세분화한다거나 세분화된 그룹들의 취향이나 선호도를 파악하기에는 시간과 자원에 제약이 있다.

이런 마케터를 대신해 AI가 빅데이터(Big Data) 분석으로 고객을 파악하고 세분화한다. 심화된 고객들의 취향을 파악하기 위해 소셜 미디어까지도 분석해 준다. 소셜 미디어 플랫폼에서 수집된 사용자 데이터(소비 행동, 선호 브랜드, 제품, 프로모션, 반응 정도 등)를 분석하여, 더 정밀한 고객 세분화와 개인 맞춤화를 가능하게 한다.

브랜드의 아이덴티티나 포지셔닝과 관련해서도 마케터가 가장 많은 자료를 가지고 있고 많이 알고 있지만, 직접 스토리텔링을 구상하고 집필 작업을 하기에는 시간과 전문성에 제약이 따른다. 이때 AI의 도움을 받아 콘텐츠를 생성할 수 있다. 마케터가 스토리텔링 소재를 제공하고 브랜드에 관련 정보를 설명하면, AI가 향후 활용할 수 있는 스토리텔링의 주요 내용을 제시해 준다.

AI 알고리즘은 고객들이 과거 스토리텔링 내용에 노출되어 보였던 반응들과 선호했던 키워드, 콘텐츠를 학습하여 개인에게 맞춤형 콘텐츠를 추천한다. 콘텐츠의 성과를 실시간으로 분석하고, 어떤 콘텐츠나 모멘트가 더 많은 참여를 유도하는지 파악한다. 이를 통해 브랜드에 대한 공개적인 인식을 모니터링하고, 마케팅 전략에 반영할 수 있는 인사이트를 제공한다.

브랜드 아이덴티티와 일관성

브랜드가 지속적으로 성장하기 위해서는 매출도 중요하지만, 그 브랜드가 가지고 있는 아이덴티티를 유지하고 포지셔닝을 지켜 나가야만 한다.

'정해진 BI(Brand Identity)를 잘 지켜 나가지 못하는 이유가 무엇이냐?'고 반문할 수도 있지만, 한 브랜드에 여러 제품이 귀속되어 있거나 글로벌 확장같이 조직이 물리적으로 방대해지면, 담당 마케터 혼자 브랜드 카피, 디자인, 가격 등 포지셔닝에 영향을 미치는 요소들을 통제하기가 어려워진다.

스토리텔링 관련 콘텐츠와 시각물(숫자, 시각물, 오디오 등)은 스토리텔링을 더 입체하하는 요소들이기 때문에 반드시 필요하다. 이러한 부가적인 요소들이 적질하게 활용되고 있는지 모니터하고 수정하는 일도 생각보다 방대하고 디테일한 업무다.

이런 상황에서 AI의 능력이 큰 도움이 된다. 공식 사진이나 시각물을 사용하지 않고 활용되는 소재들, 잘못된 정보들을 인식하고 바로 잡는다.

김민영 · 곽병열(2024)은 『AI로 팔아라』에서 마케터의 관점에서 콘텐츠 제작 시 애로사항을 아래와 같이 구체적으로 기술하고 있다.

- 개인화된 콘텐츠를 창의적으로 제작하는 것은 주로 마케터와 크리에이티브 팀의 몫이었음. 이 과정에서는 기존의 틀과 경험에 의존하는 경우가 많았으며, 창의적인 아이디어를 실제 마케팅 캠페인에 적용하는 데 오랜 시간이 걸렸음.
- 대규모 개인화를 위해서는 창의적인 콘텐츠를 여러 버전으로 제작 필요, 이는 시간과 비용이 큰 부담.

이런 한계들이 AI 활용을 통해 아래와 같이 해결된다.

- 생성형 AI는 창의적인 콘텐츠를 대규모로, 그리고 빠르게 생성할 수 있음. 이는 새로운 아이디어를 빠르게 실험하고, 다양한 버전의 콘텐츠를 생성.
- AI는 하나의 제품에 대해 다양한 스타일의 광고 문구를 생성하고, 이를 고객의 성향에 따라 자동으로 분배할 수 있음.

창의적 접근이 훨씬 더 유연, 빠르게 적응 가능(김민영 · 곽병열, 2024).

참고문헌

김민영 · 곽병열(2024). 『AI로 팔아라』. 한스미디어.
조창환 · 이희준(2016). 『디지털 마케팅론』. 학현사.

05
글로벌 브랜드 스토리텔링: 코카콜라

애플 이전 오랫동안 브랜드 자산 가치로 글로벌 1위 자리를 차지했던 코카콜라는 전 세계에 동일한 이미지와 일관된 메시지를 보임으로써 브랜드 아이덴티티를 유지해 왔다. 동시에 현지화를 위한 마케팅도 멈추지 않았다. 코카콜라는 2010년부터 브랜드 글로벌화와 현지화를 위해 생성형 AI를 그들의 브랜드 캠페인에 활용하여 성공을 거듭해 왔다. 이들의 디지털 기술 혁신을 비즈니스 성장 동력으로 활용하는 전략과 스마트한 실행은 모범 사례가 될 만하다.

AI와 아이돌?

일관성 있는 메시지와 강력한 브랜드 구축

세계적인 음료 회사인 코카콜라(Coca-Cola)는 브랜드 스토리텔링을 비롯한 강력한 브랜드 자산을 보유하고 지속적으로 성장해 온 대표적인 브랜드 회사다. 글로벌 비즈니스를 하는 코카콜라는 전 세계에 동일한 이미지와 메시지를 일관되게 보임으로써 브랜드 아이덴티티(identity)를 유지하려고 노력하는 동시에 현지화와 관련된 전략에도 주력해 왔다.

이 장에서는 초기 코카콜라의 브랜드 스토리텔링 실행 내용과 함께, 해를 거듭하면서 어떻게 AI를 접목하여 발전해 나갔는지 소개하려고 한다. 아울러 2023년 코카콜라가 생성형 AI를 활용해 펼친 캠페인 중 가장 성공한 '크리에이트 리얼 매직(Create Real Magic)' 캠페인도 소개해 보려고 한다.

현지화와 맞춤화로 성공한 스토리텔링 캠페인 'Share a Coke'

코카콜라의 AI 기반 스토리텔링 캠페인은 2010년대 중반부터 본격적으로 시작되었다. 특히, 글로벌 캠페인인 '마음을 전해요(Share a Coke)'와 그 후속 캠페인에서 개인화와 현지화에 AI를 적극 도입했다.

코카콜라의 캠페인을 연도별로 살펴보면 2014년은 'Share a Coke' 캠페인 확장과 AI 도입의 시기다. 코카콜라는 'Share a Coke' 캠페인으로 병과 캔에 소비자 이름을 새겨 판매하는 개인화 전략을 실행했다. 초기에는 수작업으로 데이터를 분석했지만, 글로벌 확장 과정에서 AI와 빅데이터(Big Data) 분석을 도입했다.

AI 활용으로 지역별로 인기 있는 이름을 데이터에서 추출해 현지화된 제품을 제작하고, 소셜 미디어 데이터를 통해 소비자 반응을 분석해 실시간으로 캠페인을 조정하였다. 예를 들어 호주에서는 지역 이름을 병에 새기고, 중국에서는 '감사'나 '사랑' 같은 특정 성격이나 감정을 나타내는 단어를 추가해 소비자들이 자신과 관련된 이야기를 통해 브랜드를 더 쉽게 느낄 수 있게 했다. 그 결과 매출이 일부 시장에서 최대 7% 증가하였고, SNS(Social Network Service)에서 사용자 생성 콘텐츠(UCC)가 폭발적으로 증가하여 6백만 건 이상의 관련 게시물이 생성되었다.

두 번째로 중요한 시기인 2018년에는 AI 기반 실시간 현지화 강화에 목적을 두었다. 코카콜라는 AI를 활용해 더 깊이 있는 현지화 전략을 실행했다. AI는 소비자의 구매 데이터, 지역적 특성, 문화적 코드를 분석해 맞춤형 메시지를 설계하였다. 그리고 소셜 미디어와 연계된 실시간 데이터로 현지 소비자 반응을 모니터링했다. 그 결과 캠페인이 진행된 주요 시장에서 소비자 참여도가 30% 증가하였고, 브랜드 이미지가 '개인 맞춤화'와 '현지 친화적'이라는 긍정적 반응을 얻게 되었다.

2020년 이후에는 몰입형 경험으로 AI 활용을 확대하였다. AI와 증강 현실(AR, Augmented Reality) 및 가상 현실(VR, Virtual Reality) 기술을 결합해 몰입형 경험을 제공하였다. 고객이 코카콜라 병을 스마트폰으로 스캔하면 AI 기반으로 생성된 가상 콘텐츠가 나타나는 캠페인을 진행한 것이다. 콘텐츠 생성 AI를 사용해 소비자와 직접 연결되는 가상 스토리 제작, 소비자 행동 데이터를 기반으로 한 각기 다른 디지털 경험을 제공하기도 했다. 결과는 성공적이었다. 팬데믹 기간 중임에도 소비자 참여를 유지하여 브랜드 충성도가 상승하였고, AR 및 VR 경험을 활용한 캠페인은 평균 참여율 50%를 기록하였다.

AI 도입으로 개인화와 현지화된 마케팅 캠페인이 매출 성장에 기여하였고, 특정 시장에서는 매출 증가율이 평균 6~7%를 기록하였다. AI가 생성한 스토리를 기반으로 소비자가 직접 콘텐츠를 제작하고 공유하여 캠페인이 확산되고, SNS상의 브랜드 언급도 80% 증가하였다.

결론적으로 코카콜라는 동일한 글로벌 메시지를 유지하면서도 각 지역의 문화와 소비자 정서에 맞는 맞춤형 접근으로 글로벌 브랜드 이미지를 강화하였다. 디지털 기술 혁신 리더십 확보 또한 코카콜라가 만든 결과다. 코카콜라는 AI를 통한 데이터 기반 스토리텔링과 몰입형 경험 제공으로 디지털 마케팅 혁신의 선두 주자로 자리매김하게 되었다.

AI와 함께한 리얼 매직 캠페인

코카콜라는 '리얼 매직(Real Magic)' 캠페인의 일환으로 생성형 AI를 활용한 '크리에이트 리얼 매직(Create Real Magic)' 프로젝트를 진행하였다. 이 캠페인은 코카콜라 브랜드의 중요한 무형 자산인 코카콜라 패키지를 소비자들이 AI 기술로 다양하게 해석하게끔 만든 이벤트로, 소비자와 브랜드가 상호 작용을 강화하는 계기가 되었다.

캠페인 배경 및 내용을 살펴보면, 코카콜라는 오픈AI(OpenAI)의 챗GPT-4(Chat GPT-4)와 달리(DALL · E) 기술을 활용하여, 소비자들이 코카콜라의 상징적인 자산(로고, 병 디자인, 북극곰, 산타클로스 등)으로 독창적인 디지털 아트를 생성할 수 있는 플랫폼을 개발했다. 소비자들은 간단한 텍스트 입력만으로 자신만의 코카콜라 이미지를 제작하고, 이를 공유하는 방식으로 캠페인에 참여했다.

생성형 AI인 달리는 소비자들이 입력한 텍스트를 기반으로 코카콜라의 브랜드 자산을 활용한 이미지를 자동으로 생성해 주었다. 이를 통해 소비자들은 전문적인 디자인 기술 없이도 고유한 콘텐츠를 제작할 수 있었다. 코카콜라는 이 프로젝트에 대해 글로벌 크리에이티브 에이전시인 WPP 등과 파트너십을 맺으면서 전문성을 더욱 높이게 되었다.

성과를 살펴보면, 캠페인 시작 후 11일 만에 약 12만 건의 생성형 AI 이미지를 접수하는 등 소비자들의 적극적인 참여를 이끌어 냈다. 이에 더해 코카콜라는 우수한 작품의 경우 뉴욕 타임스퀘어(Times Square)와 런던 피커딜리서커스(Piccadilly Circus)의 대형 디지털 광고판에 게시될 기회를 주었고, 코카콜라 광고 캠페인에 활용하거나 굿즈로 만들어 상업화할 수 있는 계기도 마련해 주었다.

이 캠페인은 광고 효과를 떠나 고객에게 브랜드와 감정적으로 교류할 기회를 제공해서, 브랜드가 고객들의 삶에 더 깊숙이 자리 잡게 되는 장치를 마련한 성과로 강조할 수 있다.

참고문헌

마케팅해결단(2024.9.8). 코카콜라 'Creating Real Magic' 캠페인, AI와 예술의 만남. https://youtu.be/Mt3s1riv-NM

06
국내 브랜드 스토리텔링:
아모레퍼시픽, 무신사

국내 기업들도 뷰티, 유통, 비즈니스 솔루션 산업에서 빠른 속도로 AI 관련 디지털 기술 혁신을 시도하면서 성과를 보이고 있다. 국내 뷰티 1위 그룹인 아모레퍼시픽과 패션 플랫폼 마켓 리더인 무신사는 AI를 활용한 고객 맞춤 서비스와 최적화된 콘텐츠 제공에 비즈니스 우선순위를 부여하고 있다. 디지털 기술에 대한 적극적 활용과 투자가 그들의 리더십 유지에 기여하고 있다.

AI와 야구?

국내 브랜드들의 가시적 성과

코카콜라(Coca-Cola)처럼 AI 기술과 활용에 지속적인 투자를 하면서 가시적인 성과를 확보한 브랜드는 많지 않다. 하지만 한국에서도 마케팅과 AI를 접목해 마케팅 활동의 효율을 높이는 시도들이 많아지고 있다. 최근 긍정적 결과를 보여 주고 있는 국내 브랜드들을 소개해 보려고 한다.

마케팅에 챗GPT(Chat GPT)와 같은 생성형 AI를 활발히 활용하고 있는 카테고리는 유통, 화장품, 비즈니스 솔루션 등이다.

화장품 산업에서는 업계 1위인 아모레퍼시픽이 가장 적극적으로 AI 혁신 기술 도입에 시간과 노력을 기울이고 있다. 이러한 노력의 결과로 아모레퍼시픽이 개발한 '워너-뷰티AI(Wanna-Beauty AI)' 기술이 글로벌 IT 전시회 CES 2025(Consumer Electronics Show 2025)에서 혁신상을 받았다. 이는 여섯 번째 연속 혁신상 수상이자 AI 기술로는 두 번째가 된다. '워너-뷰티 AI'는 아모레퍼시픽의 이미지 진단 기술과 카이스트(KAIST)와 공동 개발한 이미지 생성 AI를 기반으로 만들어진 프로그램으로, 고객에게 가장 적합한 메이크업을 제안하고 맞춤 설계한 브랜드 관련 스토리와 제품을 체험하게 해 준다.

유통 분야에서는 올리브영의 사례를 들 수 있다. 올리브영은 AI 기반의 추천 시스템을 도입하여 고객에게 더욱 개인화된 쇼핑 경험을 제공한다. 앱을 통해 구매 이력, 관심 상품과 브랜드 등 다양한 데이터를 수집하고 분석하여 개인의 취향에 맞는 상품을 추천해 준다.

아모레퍼시픽과 올리브영은 이러한 추천 서비스로 고객의 쇼핑 경험 만족도를 높이고 고객 충성도를 높이는 데 주력하고 있다. 이 둘 중에서 아모레퍼시픽 사례를 구체적으로 살펴보자.

맞춤형 뷰티 컨설팅의 선두 기업, 아모레퍼시픽

아모레퍼시픽은 AI를 활용한 맞춤형 뷰티 서비스 분야에서 선두적인 역할을 하며 꾸준히 발전해 왔다. 2010년 초반에 시작된 아모레퍼시픽의 개인 맞춤형 뷰티 컨설팅은 피부 진단 앱을 출시하고 고객 데이터를 축적하는 것에 주력하였다. 2010년 후반부터는 AI 기반 분석을 고도화하면서 '커스텀 뷰티'라는 표현을 만들어 본격적인 컨설팅 토대를 마련했다.

아모레퍼시픽은 크게 세 가지 관점에서 AI를 활용하고 있다. 먼저 '고객 경험' 관점이다. AI 기술을 통해 소비자는 제품을 구매하기 전 사용해 보는 경험을 하게 된다.

단순히 테스트가 아니라 고객의 피부 타입과 톤(tone), 얼굴형에 맞는 메이크업 방법을 제안하고 실제로 보여 주는 것이다. 2024년 10월 말에 오픈한 'AIBC(AI Beauty Counselor)'와 메이크업 주력 브랜드 '헤라(HERA)'에서 제안하는 '헤라 센슈얼 립 커스텀 매치'가 대표적이다.

AIBC는 카카오톡 채팅을 통해 소비자의 피부 고민을 상담해 주는 서비스다. 소비자가 간단한 피부 고민과 상태를 입력하면, AI가 방대한 데이터베이스를 기반으로 사용자가 제공한 정보와 이미지를 분석해 피부 유형, 고민, 상태를 정확하게 파악한다. 그 결과에 따라 최적의 브랜드와 제품들의 조합을 제시해 주고, 추천된 제품을 활용한 개인 맞춤형 스킨케어 루틴까지 제안한다.

'헤라 센슈얼 립 커스텀 매치'는 아모레퍼시픽의 전문적인 피부 색채 연구와 AI를 바탕으로 하는 개인 맞춤형 화장품 서비스로, 피부에 따라 최적화된 메이크업 제품을 제안한다. 이 서비스는 아모레퍼시픽의 AI 기술이 처음으로 상용화된 사례로, CES 2021에서 혁신상을 받았다.

두 번째는 기업 구성원의 AI 활용에 대한 관점이다. 아모레퍼시픽은 제품 개발, 마케팅, 영업, 공간 기획 등의 영역에서도 AI를 적극적으로 활용하고 있다. 간단하게는 문서 번역부터 실험 시뮬레이션, 이미지 재구성, 해외 직원 교육, 고객 조사 등에 폭넓게 사용하고 있다.

세 번째는 생산과 물류 관점에서의 활용이다. 아모레퍼시픽의 '스마트 팩토리'는 제품 개발, 생산, 운송 과정에 AI 데이터 기술을 적용하여 생산성과 품질을 높이고 있다. 사람이 수행해야 했던 위험하거나 반복적인 작업을 대체하는 차원에서 널리 활용하고 있다.

현재 국내 화장품 기업 중에서 가장 많은 독립 브랜드(약 30여 개)를 운영하고 있는 아모레퍼시픽은 AI 기술로 고객의 성향에 맞는 브랜드를 선정해 주고 관련 콘텐츠를 제공한다. 특히 문화 마케팅을 지속해 온 '설화수'는 브랜드 관련 콘텐츠가 풍부하고 지속적인 커뮤니티 운영으로 브랜드와 고객이 감정적 교류를 공고히 할 수 있는 여건이 마련되어 있다. 설화수는 소셜 미디어 등 다양한 채널에서 고객의 특성에 맞는 타기팅 광고를 진행하여 효과적인 마케팅을 수행하고, 고객의 생일이나 기념일 등 특별한 날에 맞춰 개인화된 이벤트를 제공하여 고객 충성도를 높이고 있다.

아모레퍼시픽은 AI와 관련된 기술 혁신으로, 개인 맞춤 컨설팅을 제공하고 고객과의 감정적 교류를 강화하는 콘텐츠를 생성해 글로벌 경쟁력을 강화할 예정이다.

디지털 기술로 성장을 이끈 패션 플랫폼 무신사

다음으로 버티컬 이커머스(Vertical E-Commerce)의 1등 브랜드인 무신사가 디지털 기술을 적극적으로 활용한 전략을 소개하려고 한다. 기술 발전에 따른 디지털 마케팅 전략으로 지속적으로 혁신해 온 대표적인 브랜드가 무신사다. 2001년 소규모 패션 커뮤니티로 출발해 현재는 대한민국 대표 온라인 패션 플랫폼으로 자리 잡았고 충성 고객들을 많이 확보하고 있다.

2000년 초반에 시작된 무신사의 디지털 기술 활용 변천사를 살펴보면 다음과 같다(김민영 · 곽병열, 2024). 초기 단계인 2001년~2012년은 사용자 생성 콘텐츠가 중요한 시기로, 커뮤니티 중심의 디지털 마케팅을 목적으로 한 SNS(Social Network Service) 노출과 활용이 주를 이뤘다. 이후 2013년부터 2016년까지 무신사는 플랫폼 전환과 성장을 위해 이커머스와 브랜드 마케팅에 집중하였다. 마지막으로 2017년부터 2020년까지는 데이터 기반의 마케팅과 모바일 최적화를 위해 빅데이터(Big Data) 분석을 시작하였고, 이를 통해 정교한 타기팅을 할 수 있게 되었다. 현재는 AI 마케팅과 글로벌 확장에 집중하고 있다.

현재 무신사의 AI 활용 방법으로는 개인화 추천 시스

템이 있다. 무신사는 고객의 관심사와 행동 데이터를 분석하여 맞춤형 상품을 추천하는 AI 솔루션을 도입했다. 이를 통해 디스플레이 광고와 동적 상품 피드를 개인화하여 잠재 고객 도달률을 높이고, 프로모션과 할인 이벤트의 효율성을 향상시켰다. 또한 무신사는 가상 인간 '무아인'을 통해 독특한 세계관을 구축하고, 이를 마케팅에 활용하여 브랜드의 스토리텔링을 강화하고 있다.

성과는 매출 증대로 나타났다. AI 기반 개인화 추천 시스템 도입으로 구매 전환율과 재구매율이 증가해 매출 확대에 이바지했다. 또 다른 성과는 브랜드 가치 향상이다. AI 기술을 활용한 스토리텔링과 마케팅 전략으로 고객과의 관계를 강화하고, 브랜드 가치를 높이는 데 성공했다.

참고문헌

김민영 · 곽병열(2024). 『AI로 팔아라』. 한스미디어.

김민혜(2024.10.18.). 기술 혁신의 중심 'AI', 뷰티 기업에도 필수. ≪약업신문≫, https://www.yakup.com/news/index.html?mode=view&cat=12&nid=300726

서예림(2024.12.26). AI 기반 '맞춤형 화장품', 뷰티업계 게임 체인저로. ≪이코노믹리뷰≫, https://www.econovill.com/news/articleView.html?idxno=

678176
아모레퍼시픽. 설화수 브랜드 페이지,
https://www.apgroup.com/int/ko/brands/sulwhasoo.html

07
AI와 브랜드 스토리텔링의 시너지

챗GPT는 인간의 글과 매우 유사한 텍스트를 생산할 수 있는 능력을 갖추고 있어, 독특한 브랜드 이미지와 스토리를 콘텐츠 전략에 통합하고자 하는 마케터들에게 유용한 동료 역할을 할 수 있다. 생성형 AI의 발달은 브랜드 스토리텔링 전략을 구상하는 마케터들에게 새로운 기회가 되고, 마케터들의 업무 도구에 성능 좋은 엔진을 부착하는 것과 같다.

AI와 윤동주?

소비자와 브랜드가 소통할 수 있는 스토리를 AI가 만들 수 있을까요?

대답은 '가능하다'다. 고급 알고리즘에 의해 만들어진 이야기들은 브랜드에 개인화되고 매력적인 콘텐츠를 대규모로 공유할 수 있는 새로운 방법을 제공한다. AI의 도움으로 각 고객의 개별 취향에 맞는 내러티브를 제작할 수 있는 것이다.

이를 가능케 하는 도구 중 하나가 챗GPT(Chat GPT)다. 고급 언어 모델인 챗GPT는 인간의 글과 매우 유사한 텍스트를 생산할 수 있는 능력을 갖추고 있어, 독특한 브랜드 목소리와 스토리를 콘텐츠 전략에 통합하고자 하는 마케터들에게 매우 유용한 동료가 된다. 이러한 생성형 AI의 발달은 브랜드 스토리텔링 전략을 구상하는 마케터들에게 새로운 기회가 되고, 마케터들의 업무 도구에 터보 엔진을 부착하는 것과 같다. 이렇게 잠재력 있는 스마트한 동료가 원하는 콘텐츠를 생산하는 데 마케터의 정보 및 전문 지식과 결합하는 게 가장 효과적이라는 점을 기억할 필요가 있다.

AI가 만드는 브랜드 스토리텔링

AI는 브랜드가 스토리를 만들고 공유하는 방식을 근본적으로 변화시켰다. AI 기술로 기업은 대량의 데이터를 분석하고, 소비자 행동 패턴을 이해하며, 미래 트렌드를 매우 정확하게 예측할 수 있게 됐다. 데이터에 기반한 스토리텔링 접근 방식은 흥미로울 뿐만 아니라 고객과 매우 관련성이 높은 스토리를 제공한다. 다음은 AI를 통해 얻게 되는 결과물들이다.

먼저, 규모에 맞춘 개인화다. AI 알고리즘은 고객 데이터를 통해 오디언스(audience)를 그룹화하고 콘텐츠를 커스터마이징하여 각 스토리가 오디언스와 관련성이 있는지 확인할 수 있다.

두 번째는 동적 콘텐츠 생성이다. 머신러닝(Machine Learning) 모델은 사용자 상호 작용을 기반으로 실시간으로 변화하는 콘텐츠를 생성하여 스토리를 최신 상태로 흥미롭게 유지할 수 있다.

다음은 예측 스토리텔링이다. AI는 소비자의 요구와 관심사를 예측함으로써, 브랜드가 고객보다 앞서 새로운 트렌드에 맞는 스토리를 만들어 내도록 한다.

이러한 기술의 결과는 오디언스의 행동에 영향을 미치는 것으로도 확장된다. AI의 도움으로 만들어진 개인화된 스토리는 소비자들에게 공감을 불러일으킬 가능성이 커지며, 이는 더 강력한 감정적 연결과 브랜드 충성도로 이어진다.

고도로 개인화된 전략은 현대 마케팅 캠페인의 핵심 요소가 된다. 첨단 기술을 스토리텔링 전략에 통합함으로써, 브랜드는 스토리텔링 능력을 향상시킬 뿐만 아니라 소비자와 상호 작용하는 방식도 변화시키고 있다.

챗GPT로 창조한 브랜드 스토리텔링

다음은 브랜드 스토리텔링에 챗GPT를 사용할 때 얻을 수 있는 차별화된 성과물이다(Tuner, 2024).

첫째, 맞춤 설정이다. 챗GPT는 브랜드의 고유한 목소리에 쉽게 적응하여 생성되는 모든 콘텐츠가 사용자의 정체성을 반영하도록 보장한다.

두 번째는 성공적인 브랜딩의 핵심 요소 중 하나로, 모든 플랫폼과 커뮤니케이션에서 일관된 톤을 유지하는 것이다.

세 번째는 확장성이다. 소규모 팀의 경우 정기적으로 고품질 콘텐츠를 제작하는 것이 어려울 수 있다. 그러나 챗GPT를 사용하면 품질 저하 없이 콘텐츠 제작을 확장할 수 있다.

네 번째는 효율성이다. 창작 과정은 종종 시간이 오래 걸리고 자원이 많이 소모된다. 챗GPT를 사용하면 이 과정을 간소화하고 아이디어를 세련된 이야기로 빠르게 전환할 수 있다.

성공적인 브랜드 스토리텔링 전략을 위한 필요 조건들

챗GPT는 이미 자체적으로 강력한 도구지만, 브랜드의 목소리와 톤을 정확하게 반영하기 위해 필요한 몇 가지 조건이 있다.

자세한 프롬프트 제공이 첫 번째 조건이다. 챗GPT를 사용할 때는 브랜드의 스타일, 타깃 오디언스, 핵심 가치에 대한 구체적인 정보를 반드시 포함해야 한다. 이것은 AI의 출력을 안내하고, 그 결과가 브랜드와 더 잘 일치하도록 도와줄 것이다.

반복 피드백도 중요하다. 모든 AI 도구와 마찬가지로 생성된 콘텐츠에 대한 피드백을 제공하는 것이 중요하다. 이 피드백 루프로 모델은 시간이 지남에 따라 학습하고 개선할 수 있으며, 이를 통해 모델의 반응이 지속적으로 기대에 부응할 수 있다.

마지막은 교육 세션이다. 챗GPT가 가장 우수한 성과

를 내는 콘텐츠의 예시에 노출되는 교육 세션을 진행하는 것도 필요하다. 이는 브랜드 내러티브를 더 잘 이해하고 더 관련성 있는 아이디어를 생성하는 데 도움이 된다 (Patel, 2020/2021).

참고문헌

Patel, L.(2020). *LEAN AI.* O'Reilly Media. 박기석 · 최은정 옮김(2021). 『린 AI』. 한빛미디어.

Tuner, S.(2024.3.25). Creating Compelling AI-Generated Narratives for Brand Storytelling. Medium, https://medium.com/@soravideoai2024/creating-compelling-ai-generated-narratives-for-brand-storytelling-b09cbbe8c8a0

08
AI와 마케팅 윤리

AI와 함께 브랜드 스토리텔링 전략을 실행하기 전에 발생할 수 있는 이슈를 점검할 필요가 있다. 특히 윤리적 문제는 미리 원인을 인지하고, 이러한 이슈가 발생하지 않도록 주의해야 한다. 데이터 축적 중 인종이나 문화, 젠더 등 특정 그룹을 대상으로 하는 편향성을 배제하고, AI를 통해 생성된 정보가 개인 정보나 저작권을 침해하지 않도록 사전에 모니터해야 한다.

AI와 한의학?

마케터가 알고 있어야 하는 윤리적 이슈

지금까지 브랜드 스토리텔링 전략 실행 시 생성형 AI를 활용하여 만들어 내는 긍정적인 결과물을 살펴보았다. 더 나아가 마케팅 활동에 AI를 접목해 비즈니스 성장 기회를 획득하는 사례 등 기술이 가져다주는 희망적 시각을 공유하였다. 이 장에서는 다른 방향으로 시각을 옮겨 AI를 활용할 때 모두가 인지하고 주의해야 하는 '윤리적 이슈'를 설명하려고 한다.

AI 활용이 확대되고 고도화될수록 발생하는 부작용에 대해 전문가들의 우려나 방지책을 마련해야 한다는 목소리가 나오며, 미국이나 유럽에서는 이를 반영한 법안 도입이 마련되고 있다. 이렇게 확대되고 있는 우려들의 궁극적인 고민의 끝은 AI가 인류의 멸종을 부를 수도 있다는 것이다.

신경과학자인 게리 마커스(Gary Marcus)는 AI 사용에 대한 다섯 가지 우려를 밝혔다.

1. 극단주의자들이 허위 정보를 생성해 민주주의와 공론을 쓸어버릴 것이다(가짜 사진, 동영상 등).
2. 환각은 잘못된 의료 정보를 생성할 것이다.
3. 콘텐츠 팜(farm)들이 광고 클릭을 위해 사실과 상관없는

자극적인 내용을 생성할 것이다.

4. 챗봇은 일부 사용자들에게 감정적인 고통을 유발할 수 있다.
5. 남용으로 인해 웹 포럼과 피어 리뷰(Peer Review) 사이트를 붕괴시킬 것이다(박태웅, 2024).

독자들 중에는 이를 과장된 우려나 염려라고 생각할 수도 있지만 다섯 가지 모두 현재 기술적으로 구현 가능하고, 실제로 벌어진 경우도 있다. 이러한 우려를 단순히 윤리적 이슈라기보다는 AI 활용 시 발생할 수 있는 비즈니스 '리스크'로 봐야 한다는 시각이 더 많다.

로밋 파텔(Lomit Patel)은 그의 책에서 AI를 활용할 때 우리가 주의해야 할 리스크 다섯 가지를 설명하고 있다(Patel, 2020/2021).

1. 데이터 의존성
2. 투명성
3. 편향성
4. 개인 정보 보호법 준수
5. 명확한 목표

다섯 가지는 실제 AI 활용 단계에서 관리자나 스타트업 대표가 주의해야 할 문제를 짚어 주고 있다. 여기서는 이 가운데 데이터 의존성과 편향성, 개인 정보 보호와 관련된 내용을 중점으로 살펴볼 것이다. 이와 함께 또 다른 리스크로 지목되는 저작권 문제도 알아보겠다.

데이터 의존성과 편향성

AI가 만들어 내는 결과물은 데이터를 기반으로 한다. 이러한 이유로 AI 기술에 부정적인 시각을 가진 사람들은 AI 기술은 태생적으로 데이터 품질에 의해 성능이 좌우되는 리스크가 있다고 지적한다. 따라서 캠페인에 부정적 영향을 미치는 데이터가 없는지 지속적으로 확인해야 한다고 주장한다. 회사가 소비자들에게 전달하고 싶은 브랜드 이미지와 메시지가 긍정적 데이터로 누적되어야 한다는 것이다.

브랜드 이미지와 부합하지 않는 이미지나 메시지가 생성될 경우, 소비자 신뢰에 영향을 미칠 수 있다. 이런 경우를 대비해 마케터는 콘텐츠 검토 과정을 통해 부적절한 콘텐츠가 시스템에 반영되지 않도록 관리하고 입력값에 대한 제한 및 필터링 시스템을 도입해야 한다.

브랜드가 콘텐츠 생성을 위해 AI를 활용할 때, 특히 다양성 및 편견 문제와 관련하여 윤리적 관행을 준수해야 한다. 생성된 콘텐츠 내에서 공정한 대표성과 대우를 보장하는 것은 브랜드 무결성과 평판을 유지하는 데 필수적이다.

생성형 AI는 학습 데이터의 특성에 따라 편향된 결과를 생성할 가능성이 있다. 인종, 젠더, 국가, 종교 등의 민감한 주제에 대한 편견을 보이거나, 특정 집단에 불리한 정보를 활용하여 편향된 콘텐츠를 생성할 경우 브랜드 평판에 부정적인 영향을 미칠 수 있다.

개인 정보 보호법과 저작권 문제

수집된 데이터가 법적 문제가 없는지도 항상 점검해야 한다. 기업이 오직 이윤을 추구하려고 기술을 활용한다면 그것은 위험한 리스크로 작용할 것이다.

고객의 개인 정보를 동의 없이 활용하는 것은 기업 및 브랜드의 명성과 이미지를 크게 훼손할 가능성이 높다. 무엇보다 중요한 것은 개인 정보를 보호하는 법 규정을 지키는 것이다.

최근 애플(Apple)사는 '개인 정보보다 중요한 것은 없다(Privacy is Power)' 캠페인을 통해 사용자의 개인 정보를 보호하는 것이 기술 발전 못지않게 중요하다는 메시지를 강력하게 전달하고 있다. 이는 애플이 AI 기술 발전만을 추구하는 것이 아니라 소비자 입장에서 감성적인 접근을 하려고 노력하고, 개인 정보 보호가 그만큼 중요하다는 것을 입증하는 사례다.

한편으로 데이터의 저작권도 우리가 지켜야 하는 항목이다. 생성형 AI는 학습 과정에서 대량의 텍스트와 이미지를 사용한다. 이때 데이터가 저작권을 침해할 소지가 있다. AI가 생성한 콘텐츠가 기존의 저작물과 유사하거나 해당 저작물을 활용했다면 저작권 분쟁이 발생할 수 있다. 따라서 생성된 콘텐츠의 권리가 누구에게 있는지 명확히 해야 한다.

벤치마킹 사례: 코카콜라의 AI 활용 비즈니스 리스크 관리

5장에서 소개한 코카콜라(Coca-Cola)는 '리얼 매직' 캠페인에서 이러한 리스크를 없애기 위해, 그들의 캠페인에 사용된 AI는 브랜드의 고유 자산과 텍스트 데이터를 중심으로 학습시켰다. 이를 통해 소비자들이 브랜드 아이덴티티(identity)를 유지하며 개인화된 콘텐츠를 생성할 수 있게 설계하였다.

또 저작권 문제에 대비하여 브랜드 자산(로고, 병 디

자인, 상징적 캐릭터 등)을 명시적으로 허가된 학습 데이터로만 사용함으로써 저작권 문제가 발생하지 않도록 관리했다.

코카콜라는 '리얼 매직' 캠페인을 펼치면서 소비자가 참여하여 생성한 콘텐츠를 회사의 마케팅 활동에 활용할 수 있도록 명시적인 이용 약관도 설정했다. 소비자에게 사전 동의를 통해 법적 문제를 최소화한 것이다(김민영 · 곽병열, 2024).

윤리적 이슈, 리스크를 위한 마케터 사전 점검 사항

AI 활용에 따른 윤리적 이슈나 비즈니스 리스크는 근본적이고 구조적인 문제이기 때문에 개인이 완벽하게 해결할 수는 없다. 그러나 리스크를 사전에 인지하고 아래와 같은 리스트를 미리 점검한다면 브랜드에 부정적인 영향을 미칠 가능성을 낮출 수 있다.

먼저 투명성이다. AI 시스템이 어떻게 작동하는지, 데이터 소스가 무엇인지 명확히 설명하는 것이 중요하다. 그리고 콘텐츠 관리가 있는데, 콘텐츠 필터링과 검토를 통해 부적절하거나 유해한 콘텐츠 생성을 방지할 수 있다. 다음은 소유권 명시다. 생성된 콘텐츠의 소유권과 활용 조건을 명확히 설정하여 소비자와 브랜드 간의 법적 분쟁을 예방해야 한다. 마지막은 커뮤니케이션으로, AI의 역할과 한계를 소비자에게 투명하게 알림으로써 신뢰를 구축하는 것이다.

참고문헌

김민영 · 곽병열(2024). 『AI로 팔아라』. 한스미디어.

박태웅(2024). 『박태웅의 AI 강의 2025』. 한빛비즈.

Patel, L.(2020). *LEAN AI.* O'Reilly Media. 박기석 · 최은정 옮김(2021). 『린 AI』. 한빛미디어.

09
AI 브랜드 스토리텔링의 한계

아무리 탁월한 전략이라고 해도, 하나의 전략으로 모든 비즈니스 목표를 달성할 수 없다. 강력한 터보 엔진이자 스마트한 동료인 AI도 한계는 있다. 인간처럼 섬세한 감정을 이해하지 못하고, 사실 뒤에 숨어 있는 사회적, 역사적 맥락을 파악하지 못한다. 충분한 고객 참여와 콘텐츠 누적이 이뤄져야 생성형 AI를 통한 브랜드 스토리텔링은 최대의 효과를 발휘할 수 있다.

AI와 화장품?

AI와 함께하는 브랜드 스토리텔링의 한계

브랜드를 운영하는 마케터들에게 생성형 AI는 스토리텔링 전략을 성공시킬 수 있는 믿음직스럽고 스마트한 동료지만, 여기에도 한계는 존재한다. 현재까지 실무에서 전문가들이 지적한 한계점은 다음 네 가지다.

1. 진정성 이슈
2. 콘텐츠의 양
3. 차별화의 상쇄
4. 소비자들과의 감정적 교류의 어려움

제시된 위 네 가지를 각각 자세히 알아보면 다음과 같다. 먼저 진정성(authenticity)에 대한 도전은 기술이 만들어 내는 인간의 이야기라는 이슈와 관련된다. 어느 날 당신은 평소 좋아하는 브랜드의 창업 스토리를 읽고 감동하였다. 그런데 당신은 얼마 지나지 않아, 그 스토리가 AI에 의해 만들어진 것을 알게 되었다. 당신은 어떤 생각이 드는가? 다양한 답변이 나오겠지만 전반적으로 긍정적이지 않을 것으로 예측된다. 생성형 AI가 만든 콘텐츠는 정교하더라도 인간적인 진정성을 담는 데 한계가 있다. 특히, 고객이 그것이 기계가 생성한 것이라는 사실을 알게 되면 브랜드에 대한 신뢰가 약화될 위험이 있다.

진정성은 고객이 브랜드와 정서적으로 연결되는 데 중요한 역할을 한다. AI가 생성한 콘텐츠는 진정성보다는 효율성과 편리성에 초점이 맞춰질 가능성이 크다는 점에서, AI는 '진정성'에서 한계가 있다.

두 번째로 콘텐츠의 양은 소셜 미디어 참여가 부족한 브랜드의 한계와 관련이 있다. 생성형 AI가 양질의 콘텐츠를 제시하려면 빅데이터(Big Data)를 분석해야 한다. 고객의 소셜 미디어 참여가 활발하지 않은 브랜드는 스토리텔링의 시작부터 한계를 안고 가게 된다. 다양성과 참여 측면에서 약점이 작용하는 것이다. 고객 참여 없이 일방적으로 전달하는 AI 생성 콘텐츠는 매력적이지 않을 수 있다. 브랜드가 만든 정보만으로 스토리텔링을 개발한다면 소비자들의 관심이나 집중을 가져오기가 어렵다.

이것은 스토리텔링 콘텐츠의 퀄리티(quality)와도 연결된다. 스토리텔링의 장점은 경쟁사가 복제할 수 없는 자신들만의 스토리를 가진다는 데 있다. 그런데 사실에 기반한 스토리 재료나 SNS(Social Network Service) 내에서 고객들이 만들어 낸 콘텐츠가 부족하면, 고객들이 공감할 수 있는 콘텐츠나 경험을 제공할 수 없다.

생성형 AI의 도움을 받아 스토리텔링 전략을 실행하고 싶다면 사전에 브랜드 페이지, SNS, 그리고 브랜드 커뮤니티 등을 활성화해 고객 피드백과 데이터를 축적하고, 이를 바탕으로 AI 콘텐츠를 조정해 참여를 유도해야 한다. 일정 정도의 콘텐츠가 모이고 고객 참여를 확보한 후에 스토리텔링 전략을 진행해야 한다.

다음은 차별화 부족의 우려다. AI 도구가 상용화되면서 여러 브랜드에서 유사한 콘텐츠와 메시지가 생성될 가능성이 크다. 브랜드 스토리텔링의 태생적 경쟁력이었던 차별화라는 장점이 사라지고 독창성이 부족해질 위험이 있다. 소비자는 반복적이고 전형적인 스토리텔링에 쉽게 피로를 느낄 수 있다.

해결 방안은 브랜드의 고유한 역사, 문화, 창립 배경 등의 요소를 AI가 학습할 수 있도록 데이터 커스터마이징을 강화하는 것이다. AI는 보조 도구다. 풍부한 원재료가 없이 요리사가 맛있는 음식을 만드는 것은 불가능하다. 경쟁력 있는 브랜드 스토리를 위해 기초 자료를 풍성하게 준비하는 게 중요하다.

마지막으로 AI는 고객의 미묘한 감정 변화나 맥락을 이해하고 대응하는 데 한계가 있다. 특히, 민감하거나 논란이 될 수 있는 주제에 대해 AI 생성 콘텐츠가 부적절하게 반응할 위험이 있다.

AI의 맥락 인식 한계

앞서 제시한 한계 중 소비자들과의 감정적 교류의 어려움은 맥락 인식과 관계가 있다. 이에 대해 보다 자세히 알아보자.

맥락을 인지하는 능력의 몇 가지 제한점은 AI의 구조적 문제라고 한다. 구조적 문제는 크게 네 가지 정도로 구분할 수 있다.

첫 번째는 정적 데이터 기반이라는 제한점이다. AI는 과거의 학습 데이터와 현재 입력된 정보에 의존하기 때문에 사회적, 문화적 상황이나 고객의 관심사를 실시간으로 파악하는 데 어려움이 있다.

두 번째는 감정적 미묘함을 파악하는 데 한계가 있다는 점이다. 세 번째는 장기적 일관성 부족으로, 브랜드 스토리텔링은 과거와 현재의 연결성, 그리고 미래 비전을 보여 줘야 하는데 AI는 이것이 불가능하다. 마지막은 문화적 · 지역적 맥락 이해의 한계다.

AI를 보조 수단으로 활용하는 마케터가 이러한 한계를 인지하고 단점을 보완해 주는 역할을 하면서 AI의 장점을 최대한 활용해야 한다. 감정적 교류와 맥락 이해가 안 되는 것에 대해서는 특별한 해결 방안 마련보다 AI가 인간이 아니라는 사실을 인지하는 것이 먼저다. 그런 후에 결과물에 대해 마케터나 브랜드 담당자들이 필터링 역할을 해 줄 필요가 있다. 문화적 차이나 역사적 의미 등은 지속적인 정보 전달과 실제 사례에 대한 학습으로 보완할 수 있다.

10
AI 브랜드 스토리텔링의 미래

AI와 브랜드 스토리텔링의 긍정적인 미래를 위해서는 기술도 기계도 아닌 사람, 특히 마케터의 역할이 중요하다. 명확한 브랜드 목표와 고객들에게 제공할 경험과 가치의 설정, AI 협업을 위한 정보 제공도 마케터의 일이기 때문이다. AI와의 협업으로 마케터의 절대 업무량은 감소하겠지만, 전략적 사고와 매니지먼트 같은 새로운 역량이 요구될 것이다. 또한 데이터 수집에서 야기되는 리스크를 줄이기 위해 브랜드 커뮤니티처럼 시스템적으로 데이터 수집과 활용을 가능하게 해 주는 플랫폼 마련도 필요하다.

종교와 AI?

AI와 성공적인 협업으로 만드는 미래

해를 거듭할수록 AI는 한계를 극복하고 더욱 괄목할 만한 서비스를 제공할 것이다. 이런 상황에서 마케터는 더 편해지고 빠르게 업무를 처리할 수도 있겠지만, 기업에서는 새로운 환경에 최적화된 또 다른 마케터의 역량을 요구할 것이다.

AI와 상호 보완적인 협업을 위해 기존 마케터의 필수 역량 중에서 더욱 강화해야 하는 역량과 추가로 필요한 자질은 무엇일까? 또한 개인 역량 강화뿐만 아니라 AI 활용 시 원하는 결과물을 만들고 리스크를 줄이기 위해 어떤 시스템을 마련해야 할까?

결국 개인의 역량 강화와 조직의 시스템적 지원이 동시에 이뤄져야 향후 이 협업 프로젝트를 긍정적으로 이끌 수 있을 것으로 판단된다.

마케터의 필수 역량

직급에 따라 우선순위는 다르겠지만, 기업에서 마케팅 직원에게 요구하는 주요 역량은 데이터 분석력, 문제 해결 능력, 유연한 사고, 그리고 커뮤니케이션 스킬이다. 이 중에서 디지털 시대의 급변하는 외부 환경에 대응하고 AI와 같은 선진 기술을 활용하는 데 '데이터 분석력'

이 더욱더 중요해졌다.

데이터 분석은 다양한 분야에서 활용된다. 시장, 고객, 경쟁 환경 분석, 그리고 광고 캠페인에 대한 효과 분석 등 다양한 데이터 소스를 활용하여 분석하는 것이 마케팅 업무 중 하나다. 데이터 분석 결과를 바탕으로 기업은 중요한 의사 결정을 하게 되므로 마케터를 평가하는 데 우선순위에 있는 역량은 바로 분석력이다. 이 데이터 분석력이 AI와의 협업을 위해 더 중요해지는 것이다.

AI 도움으로 기존보다 더 세밀하게 시장을 세분화하고, 각 시장의 복잡하고 디테일한 고객 데이터 분석을 빠르게 만들어 낼 수 있다. 이 결과물에서 인사이트를 도출하고 향후 마케팅 전략 방향에 반영하는 프로세스가 더 많아질 것으로 본다. 결국 인사이트를 도출하기 위해서는 시장과 고객, 그리고 외부 경쟁 환경에 대한 누적된 정보와 지식을 가지고 있어야 한다. 이를 통해 데이터 결과의 원인이나 배경을 파악할 수 있는 것이다.

또, 데이터 결과물들의 연결 고리를 찾는 능력도 요구된다. 이는 '맥락(Context)'을 고려해서 데이터를 분석해 내지 못하는 AI의 한계를 인간의 능력으로 해결하면서 협업에서의 역할을 구분하는 것이기도 하다. 더불어 생성형 AI의 한계로 거론된 과거 · 현재 · 미래와 같은 시계열적 사고, 거시적 접근과 미시적 접근을 동시에 고려하는 전략적 사고도 마케터가 대신 채워 주어야 한다.

결론적으로는 일상적으로 일어나는 마케팅 반복 업무들은 감소하게 되고 자동화되겠지만 좀 더 전략적이고 창의적인 역량이 마케터에게 요구된다는 것이다.

스토리 생성과 활용을 위한 플랫폼

마케터의 개인적 역량 강화 외에, 조직적으로는 데이터의 생성, 저장에서부터 의사 결정으로 이어지는 시스템을 확립해 만든 플랫폼이 있어야 한다. 그리고 여기서 생성되는 데이터는 브랜드의 타기팅과 연관되어 세분화되어야 하고, 데이터 소스는 개인 정보나 지적 재산에 이슈가 없는 것으로 확보되어야 한다.

구체적으로 브랜드 스토리텔링을 위한 스토리 생성과 활용에는 브랜드 커뮤니티 구축 및 운영을 추천한다. 미국 뷰티 브랜드 '글로시에(Glossier)'의 성장 동력도 브랜드 커뮤니티 확보였다. 글로시에는 에밀리 와이스(Emily Weiss)라는 30대 초반의 젊은 대표가 설립한 회사로, 그녀는 과거 잡지 〈더블유(W)〉와 〈보그(Vogue)〉에서 어시스턴트 에디터(Assistant Editor)로 일한 경험을 가지고 있었다. 에밀리 와이스는 이 경험을 바탕으로 2010년 '인

투 더 글로스(Into the Gloss)'라는 블로그를 만들어 열정적이고 헌신적인 많은 구독자를 확보했다. 이후 2014년에 그들의 활발한 활동에 힘입어 화장품 브랜드까지 출시하게 된다.

그녀는 커뮤니티를 통해 브랜드 콘텐츠를 생성하고 디지털 네이티브 세대인 고객들과 직접 커뮤니케이션하는 브랜드를 지향하고 있다. 그녀는 자신의 블로그를, 소비자들에게 새로운 솔루션을 제안하고 고객들이 본인들의 제품에 대한 리뷰나 생각들을 공유하고 정보를 교환, 구매까지 할 수 있는 브랜드 컬티베이션(cultivation) 플랫폼으로 만들어 나갔다.

워낙 고객층이 두껍고 브랜드와의 관계 형성이 잘되어 있어서 신상품을 출시할 때 고객들은 매우 유용한 조언자가 된다. 예를 들어 페이셜 클렌저(facial cleanser)를 개발할 경우, "당신 인생에서 최고의 페이셜 클렌저는 어떤 조합으로 이뤄졌나요?"라는 질문을 고객들에게 던지면 짧은 기간 내에 수만 건의 양질 데이터를 수집하게 된다.

이렇게 커뮤니티를 고객들의 데이터를 확보하는 플랫폼으로 만들기 위해 글로시에 마케팅 팀은 커뮤니티 사이트에 하루에 네 번 이상 글을 업데이트하고, 매주 '셀

럽'들이 좋아하는 화장품과 그들의 라이프 스타일을 소개하는 글을 올린다(Avery, 2019). 커뮤니티의 나머지 영역에서는 커뮤니티 멤버, 즉 고객들의 화장 루틴, 제품 리뷰, 추천 등과 같은 구체적이고 다양한 이야기가 차곡차곡 업데이트돼서 글로시에의 자산이 되고 있다.

잠재 고객들이 유입될 수 있는 거점이자 현재 고객들의 목소리를 듣고 의견을 수렴할 수 있는 플랫폼 마련은 마케팅에서도 필요한 도구이자 양질의 데이터가 필요한 AI 협업에서 필수 불가결한 요소다. 고객들의 의견 수렴으로 비즈니스 의사 결정의 정확도를 높이고, 여러 제품과 서비스 등에 대한 고객들의 다양한 의견은 스토리 생성의 토대가 될 수 있다. 또한 이 데이터는 대다수가 고객들에게 동의를 받고 활용한 것이므로 법적 리스크를 걱정할 필요가 없다.

이처럼 브랜드 커뮤니티를 잘 운영하거나 고객들에 의해 커뮤니티가 자발적으로 운영되는 브랜드는 생성형 AI를 통한 브랜드 스토리텔링 전략에서 성공할 가능성이 매우 높다.

참고문헌

Avery, J.(2019). Glossier: Co-Creating a Cult Brand with a

Digital Community. Harvard Business School Case 519-022,
https://www.hbs.edu/faculty/Pages/item.aspx?num=54905

양정선

건국대학교 신문방송학과를 졸업하고 성균관대학교 대학원에서 신문방송학 석사 학위를 취득했다. 이후 영국 바스대학교 MBA를 통해 글로벌 경영학적 시각을 확장했다. 23년 동안 화장품 및 소비재 산업에서 쌓아 온 전문성을 바탕으로 아모레퍼시픽, 에스티로더, 시세이도 등 글로벌 기업에서 브랜드 전략 수립, 신제품 출시 등 다양한 프로젝트를 성공적으로 이끌었다. 특히 세타필 브랜드의 매출 성장을 견인하여 올리브영의 바디 보습 1위 브랜드로 자리 잡게 하는 성과를 냈고, CES 혁신상 수상 등 글로벌 무대에서도 그 역량을 인정받았다. 현재 개인 마케팅 컨설턴트 및 강사로 활동하며 디지털 시대의 브랜드 마케팅 전략에 관한 실무 교육을 통해 기업과 전문가들에게 통찰과 새로운 방향성을 제시하고 있다.